I0566720

BESTACTIVITYBOOKS.COM

PRIMA EDIZIONE 2022

Illustrazione Grafica Extra: www.freepik.com
Grazie a Alekksall, Starline, Pch.vector, Rawpixel.com, Vectorpocket, Dgim-studio, Upklyak, Macrovector, Stockgiu, Pikisuperstar & Freepik.com Designers

5 CONSIGLI PER INIZIARE

1) COME RISOLVERE LE PAROLE INTRECCIATTE

I puzzle hanno un formato classico:

- Le parole sono nascoste senza spazi o trattini,...
- Orientamento: Le parole possono essere scritte in avanti, indietro, verso l'alto, verso il basso o in diagonale (possono essere invertite).
- Le parole possono sovrapporsi o intersecarsi.

2) APPRENDIMENTO ATTIVO

Accanto ad ogni parola c'è uno spazio per scrivere la traduzione. Per incoraggiare l'apprendimento attivo, un **DIZIONARIO** alla fine di questa edizione vi permetterà di controllare e ampliare le vostre conoscenze. Cerca e scrivi le traduzioni, trovale nel puzzle e aggiungile al tuo vocabolario!

3) SEGNARE LE PAROLE

Puoi inventare il tuo sistema di segni. Forse ne usi già uno? Per esempio, puoi segnare le parole difficili da trovare con una croce, le parole preferite con una stella, le parole nuove con un triangolo, le parole rare con un diamante, e così via.

4) STRUTTURARE L'APPRENDIMENTO

Questa edizione offre un **TACCUINO** alla fine del libro. In vacanza, in viaggio o a casa, puoi organizzare facilmente le tue nuove conoscenze senza bisogno di un secondo quaderno!

5) AVETE FINITO TUTTE LE GRIGLIE?

Nelle ultime pagine di questo libro, nella sezione della **SFIDA FINALE**, troverete un gioco gratuito!

Facile e veloce! Dai un'occhiata alla nostra collezione di libri di attività per il tuo prossimo momento di divertimento e **apprendimento,** a portata di clic!

Trova la tua prossima sfida su:

BestActivityBooks.com/MioProssimoLibro

Ai vostri posti, pronti...Via!

Sapevi che ci sono circa 7.000 lingue diverse nel mondo? Le parole sono preziose.

Amiamo le lingue e abbiamo lavorato duramente per creare libri di altissima qualità. I nostri ingredienti?

Una selezione di argomenti adatti all'apprendimento, tre buone porzioni di intrattenimento, una cucchiaiata di parole difficili e una spolverata di parole rare. Li serviamo con amore e entusiasmo in modo che tu possa risolvere i migliori giochi di parole e divertirti imparando!

La vostra opinione è essenziale. Puoi partecipare attivamente al successo di questo libro lasciandoci un commento. Ci piacerebbe sapere cosa ti è piaciuto di più di questa edizione.

Ecco un link veloce alla pagina dell'ordine:

BestBooksActivity.com/Recensione50

Grazie per il vostro aiuto e buon divertimento!

Tutta la squadra

1 - Scacchi

Q	S	U	I	T	D	A	G	I	N	G	E	N	T	E
K	W	A	S	I	Z	M	O	C	L	E	U	M	I	L
C	G	V	F	W	G	I	V	O	K	T	R	M	J	H
D	J	I	R	T	S	D	E	W	Z	W	Q	E	D	K
P	I	T	N	E	M	E	L	G	E	R	W	X	L	S
A	O	A	I	S	L	I	M	D	Z	W	A	R	T	R
S	O	C	G	N	I	N	O	K	Y	B	V	D	L	B
S	N	P	N	O	Z	T	B	N	D	F	O	J	G	N
I	R	Z	I	T	N	E	T	N	U	P	F	J	Z	X
E	E	V	N	B	R	A	S	P	E	L	F	S	O	I
F	O	P	O	N	E	M	A	O	I	J	E	M	A	U
U	T	L	K	C	L	D	W	L	P	N	R	A	Z	T
S	T	R	A	T	E	G	I	E	P	Y	E	L	R	C
B	W	H	T	U	P	Q	K	A	M	P	I	O	E	N
T	E	G	E	N	S	T	A	N	D	E	R	L	F	H

TEGENSTANDER
WIT
KAMPIOEN
WEDSTRIJD
DIAGONAAL
SPELER
SPEL
SLIM
ZWART
PASSIEF
LEREN
PUNTEN
KONING
KONINGIN
REGLEMENT
OFFER
UITDAGINGEN
STRATEGIE
TIJD
TOERNOOI

2 - Salute e Benessere #2

Z	A	D	J	W	Z	Z	Y	C	Q	T	X	D	V	E
I	L	X	Y	A	V	G	G	G	L	G	V	L	U	N
E	L	Z	Z	T	S	U	L	T	E	E	D	T	R	E
K	E	N	Ë	I	G	Y	H	K	P	Z	E	W	V	R
E	R	A	C	I	T	E	N	E	G	B	O	Z	U	G
N	G	D	U	K	H	E	R	S	T	E	L	N	P	I
H	I	I	C	D	C	I	I	K	R	T	B	C	D	E
U	E	E	E	V	I	R	L	M	Z	I	E	K	T	E
I	G	E	B	S	W	O	A	I	O	U	L	T	N	M
S	N	T	D	Z	E	L	D	Z	C	T	T	Z	A	A
W	I	S	J	L	G	A	P	J	T	H	A	M	K	S
V	D	J	Z	S	C	C	N	K	T	G	A	N	D	S
D	E	H	Y	D	R	A	T	I	E	O	N	A	A	A
D	O	I	N	F	E	C	T	I	E	R	S	U	M	G
O	V	V	I	T	A	M	I	N	E	J	X	Q	E	E

ALLERGIE
ANATOMIE
EETLUST
CALORIE
LICHAAM
DIEET
DEHYDRATIE
ENERGIE
GENETICA
HYGIËNE
INFECTIE
ZIEKTE
MASSAGE
VOEDING
ZIEKENHUIS
GEWICHT
HERSTEL
BLOED
GEZOND
VITAMINE

3 - Aggettivi #2

Q	B	P	C	N	S	C	V	B	S	V	Q	O	M	N
S	S	Y	K	E	I	T	N	E	H	T	U	A	D	A
S	T	E	R	K	A	G	V	S	Q	N	O	P	R	T
N	O	R	M	A	A	L	N	C	M	A	Y	M	A	U
J	R	Q	Y	I	C	Q	I	H	Z	S	T	T	M	U
D	T	D	L	R	R	X	E	R	U	S	Q	D	A	R
M	R	N	P	U	E	G	U	I	Z	E	F	T	T	L
E	B	O	J	I	A	M	W	J	U	R	L	I	I	I
O	E	Z	O	L	T	L	D	V	I	E	F	V	S	J
R	L	E	G	G	I	U	S	E	V	T	A	K	C	K
E	E	G	N	L	E	Z	Y	N	E	N	E	U	H	T
B	G	Z	A	T	F	X	O	D	R	I	L	E	A	T
Z	A	K	F	E	I	T	C	U	D	O	R	P	C	H
V	N	Z	O	E	T	B	D	L	T	O	M	Q	R	K
G	T	M	B	H	H	O	N	G	E	R	I	G	W	K

HONGERIG
DROOG
AUTHENTIEK
HEET
CREATIEF
BESCHRIJVEND
ZOET
DRAMATISCH
ELEGANT
BEROEMD
STERK
INTERESSANT
NATUURLIJK
NORMAAL
NIEUW
TROTS
PRODUCTIEF
ZUIVER
ZOUT
GEZOND

4 - Ingegneria

V	E	R	S	N	E	L	L	I	N	G	E	N	B	R
I	S	V	Q	M	J	R	Y	Y	R	V	R	K	S	Q
V	O	O	R	T	S	T	U	W	I	N	G	E	S	K
S	T	R	U	C	T	U	U	R	K	H	Z	L	R	A
D	I	E	S	E	L	A	V	W	F	A	J	N	J	M
Q	Y	I	R	R	B	S	F	P	J	S	X	Y	I	A
V	K	T	F	O	N	L	E	T	J	B	Y	P	X	R
G	H	U	H	T	B	E	R	E	K	E	N	I	N	G
M	N	B	E	A	M	O	T	O	R	I	F	S	Q	A
A	R	I	T	T	D	I	A	M	E	T	E	R	D	I
C	G	R	T	I	V	K	R	A	C	H	T	H	Z	D
H	E	T	P	E	I	D	T	E	N	E	R	G	I	E
I	I	S	Z	J	M	U	H	O	E	K	B	O	U	W
N	P	I	G	S	T	A	B	I	L	I	T	E	I	T
E	W	D	V	L	O	E	I	S	T	O	F	H	T	E

HOEK
AS
BEREKENING
BOUW
DIAGRAM
DIAMETER
DIESEL
DISTRIBUTIE
ENERGIE
KRACHT

VERSNELLINGEN
VLOEISTOF
MACHINE
METING
MOTOR
DIEPTE
VOORTSTUWING
ROTATIE
STABILITEIT
STRUCTUUR

5 - Archeologia

D	D	F	O	S	S	I	E	L	F	B	K	V	S	V
R	E	X	N	N	U	R	O	S	S	E	F	O	R	P
J	S	U	D	V	O	G	W	W	J	S	W	T	E	K
L	K	R	E	P	D	J	I	T	Q	C	B	E	P	O
A	U	D	N	E	K	E	B	N	O	H	M	M	L	U
N	N	M	A	K	I	J	J	Y	S	A	Z	P	L	D
A	D	Y	K	K	O	W	L	C	M	V	C	E	E	H
L	I	S	O	K	R	G	K	Q	E	I	G	L	I	E
Y	G	T	M	A	R	J	V	I	L	N	R	R	T	I
S	E	E	E	K	T	P	S	G	L	G	V	T	A	D
E	F	R	L	T	E	A	M	T	P	E	I	L	U	F
X	Z	I	I	B	O	T	T	E	N	O	R	V	L	L
D	B	E	N	E	T	C	E	J	B	O	U	X	A	T
U	D	U	G	V	E	R	G	E	T	E	N	D	V	X
O	N	D	E	R	Z	O	E	K	E	R	Z	A	E	Q

ANALYSE
OUDHEID
OUD
BESCHAVING
VERGETEN
NAKOMELING
TIJDPERK
DESKUNDIGE
FOSSIEL
MYSTERIE
OBJECTEN
BOTTEN
PROFESSOR
RELIKWIE
ONDERZOEKER
ONBEKEND
TEAM
TEMPEL
GRAF
EVALUATIE

6 - Salute e Benessere #1

O	S	S	S	O	B	A	N	C	D	Q	Q	Q	K	L
H	N	O	X	N	R	R	E	F	L	E	X	C	X	U
O	E	T	K	K	E	E	H	T	O	P	A	S	X	R
U	N	T	S	P	U	B	U	E	Z	D	G	Z	E	P
D	O	H	S	P	K	V	M	E	D	I	C	I	J	N
I	M	E	J	L	A	G	X	D	D	T	U	Y	Q	S
N	R	R	K	E	I	N	I	L	K	R	A	N	O	D
G	O	A	N	H	R	A	N	W	P	J	C	E	L	O
E	H	P	V	I	R	U	S	I	K	E	T	W	M	K
E	E	I	Q	N	T	H	J	Y	N	D	I	U	H	T
C	D	E	E	T	N	O	O	W	E	G	E	N	O	E
I	W	B	Q	E	W	B	K	N	B	P	F	E	O	R
B	A	C	T	E	R	I	Ë	N	G	Y	R	Z	G	S
H	G	N	I	L	E	D	N	A	H	E	B	C	T	K
Z	H	A	J	S	P	I	E	R	E	N	R	S	E	G

GEWOONTE
HOOGTE
ACTIEF
BACTERIËN
KLINIEK
HONGER
APOTHEEK
BREUK
MEDICIJN
DOKTER

SPIEREN
ZENUWEN
HORMONEN
HUID
HOUDING
REFLEX
ONTSPANNING
THERAPIE
BEHANDELING
VIRUS

7 - Aggettivi #1

W	A	E	L	M	E	N	O	R	M	D	Y	R	K	A
A	A	E	B	A	Y	T	Y	F	G	Z	J	T	I	M
A	W	Y	W	A	N	Q	B	J	Y	A	O	A	D	B
R	P	O	K	Z	R	G	M	O	Q	O	G	B	E	I
D	D	A	E	G	W	O	M	N	T	Y	A	S	N	T
E	M	E	I	N	Z	S	M	G	N	N	J	O	T	I
V	E	H	T	A	T	H	M	A	G	E	R	L	I	E
O	E	V	S	L	R	C	O	N	T	U	O	U	E	U
L	R	Z	I	S	G	S	D	M	C	I	L	U	K	S
D	L	E	T	C	G	I	E	U	E	K	S	T	W	P
G	I	G	R	O	O	T	R	Z	F	T	M	C	J	Y
T	J	B	A	O	Z	O	N	N	R	D	U	N	H	C
H	K	E	E	K	H	X	Y	F	E	I	T	C	A	F
P	V	F	V	V	U	E	F	R	P	Z	W	A	A	R
J	K	B	E	L	A	N	G	R	I	J	K	L	V	P

AMBITIEUS
AROMATISCH
ARTISTIEK
ABSOLUUT
ACTIEF
ENORM
EXOTISCH
GUL
JONG
GROOT

IDENTIEK
BELANGRIJK
LANGZAAM
LANG
MODERN
EERLIJK
PERFECT
ZWAAR
WAARDEVOL
DUN

8 - Geologia

E	U	A	E	T	A	L	P	P	K	A	X	N	N	F
R	L	V	A	C	S	T	A	L	A	C	T	I	E	T
O	Z	U	B	R	O	Y	Z	T	T	U	C	Q	L	S
S	H	L	H	F	D	N	Q	Z	B	H	K	V	L	T
I	N	K	W	P	I	B	T	U	O	Z	M	X	A	A
E	E	A	Y	R	U	L	E	I	C	F	E	Z	T	L
U	L	A	U	M	E	B	P	V	N	E	A	Z	S	A
G	A	N	N	U	R	N	L	B	I	E	N	A	I	G
A	R	G	E	I	S	E	R	F	Y	N	N	K	R	M
A	E	O	E	C	T	Z	L	A	V	A	G	T	K	I
L	N	J	T	L	R	W	A	W	L	D	H	S	H	E
A	I	D	S	A	A	N	A	H	O	K	J	G	W	T
T	M	J	N	C	W	I	R	M	K	P	N	Y	H	E
F	S	Y	S	J	K	R	O	V	C	H	T	T	V	N
U	Z	Z	Z	U	U	R	K	F	O	S	S	I	E	L

ZUUR
PLATEAU
CALCIUM
GROT
CONTINENT
KORAAL
KRISTALLEN
EROSIE
FOSSIEL
GEISER

LAVA
MINERALEN
STEEN
KWARTS
ZOUT
STALAGMIETEN
STALACTIET
LAAG
AARDBEVING
VULKAAN

9 - Campeggio

U	A	M	O	P	L	E	Z	I	E	R	A	M	C	H
L	U	D	R	D	E	O	H	J	A	C	H	T	A	D
T	A	M	G	N	A	H	N	D	F	U	W	H	B	M
O	O	M	I	A	A	V	O	N	T	U	U	R	I	V
P	S	U	A	R	Z	M	N	Y	R	Y	W	W	N	W
G	L	O	W	B	K	Z	Y	I	Y	O	L	I	E	V
R	E	E	M	X	F	K	A	A	R	T	D	V	A	N
E	D	C	U	G	F	X	I	Q	U	C	N	E	K	F
B	D	I	E	R	E	N	V	H	U	E	W	L	W	V
A	O	H	G	R	S	A	R	B	T	S	S	E	N	T
C	W	S	K	Z	Q	A	R	T	A	N	E	M	O	B
U	C	V	F	W	K	M	T	E	N	I	Y	D	Y	O
K	O	M	P	A	S	A	Z	N	H	O	N	M	C	R
I	D	J	I	H	P	I	N	T	K	W	W	Y	R	B
A	X	V	T	A	G	G	R	O	M	N	U	Z	L	U

BOMEN
HANGMAT
DIEREN
AVONTUUR
KOMPAS
CABINE
JACHT
KANO
HOED
TOUW
PLEZIER
BOS
BRAND
INSECT
MEER
MAAN
KAART
BERG
NATUUR
TENT

10 - Arti Visive

M	G	V	B	P	F	O	T	O	Z	G	B	S	X	D
E	W	M	L	O	O	K	S	T	U	O	H	T	I	L
E	K	X	B	R	A	U	A	J	N	I	V	E	P	K
S	A	D	I	T	G	R	W	E	Z	E	L	N	O	R
T	N	P	H	R	P	V	T	M	E	L	U	C	T	I
E	X	A	U	E	G	S	Y	I	E	L	K	I	L	J
R	O	W	Z	T	R	S	G	I	E	V	W	L	O	T
W	V	E	R	N	I	S	C	H	Z	S	F	T	O	X
E	B	M	C	A	Z	H	M	Q	G	P	T	I	D	B
R	A	R	C	H	I	T	E	C	T	U	U	R	L	T
K	B	E	E	L	D	H	O	U	W	W	E	R	K	M
S	A	M	E	N	S	T	E	L	L	I	N	G	H	X
M	X	W	K	E	I	M	A	R	E	K	I	K	D	B
B	I	V	S	P	Q	K	I	W	K	U	B	T	O	K
C	R	E	A	T	I	V	I	T	E	I	T	O	X	O

ARCHITECTUUR
KLEI
ARTIEST
MEESTERWERK
HOUTSKOOL
EZEL
WAS
KERAMIEK
SAMENSTELLING
CREATIVITEIT

FILM
FOTO
KRIJT
POTLOOD
PEN
PORTRET
BEELDHOUWWERK
STENCIL
VERNIS

11 - Tempo

Y	Z	D	M	Q	T	T	Z	F	A	B	J	X	K	V
D	V	T	A	E	O	S	L	E	E	Z	A	N	A	A
W	A	A	A	Z	E	L	H	O	U	L	A	E	L	N
M	X	G	N	A	K	E	E	W	P	S	R	R	E	D
X	I	Y	D	B	O	Z	O	M	C	T	L	E	N	A
T	B	D	Q	O	M	D	H	I	A	I	I	T	D	A
E	I	B	D	Y	S	V	O	O	R	R	J	S	E	G
F	E	R	P	A	T	J	A	A	R	D	K	I	R	K
R	F	U	K	M	G	B	Y	J	U	O	S	G	Z	Q
M	O	P	W	O	Z	P	I	M	U	T	W	P	C	E
T	A	S	U	M	D	M	U	I	N	N	E	C	E	D
F	S	B	V	E	T	S	T	N	R	B	X	K	F	O
D	V	A	O	N	H	F	P	U	K	L	O	K	J	M
I	W	K	T	T	A	K	P	U	I	P	K	S	X	T
O	C	H	T	E	N	D	K	T	H	C	A	N	K	O

JAAR
JAARLIJKS
KALENDER
DECENNIUM
NA
TOEKOMST
DAG
GISTEREN
OCHTEND
MAAND
MIDDAG
MINUUT
MOMENT
NACHT
VANDAAG
UUR
KLOK
VOOR
EEUW
WEEK

12 - Astronomia

O	W	C	U	F	J	M	V	Q	Y	S	H	E	S	U
T	B	E	J	H	W	F	A	Z	G	U	E	Q	T	N
E	Z	S	O	M	S	O	K	A	U	P	M	U	E	I
L	W	L	E	V	E	N	P	M	N	E	E	I	R	V
E	A	A	D	R	W	W	C	I	R	R	L	N	R	E
S	A	S	Ï	A	V	J	R	F	A	N	U	O	E	R
C	R	T	O	S	M	A	S	K	K	O	T	X	N	S
O	T	R	R	T	E	U	T	F	E	V	S	U	B	U
O	E	O	E	R	T	C	E	O	T	A	N	R	E	M
P	K	N	T	O	E	L	E	A	R	U	T	H	E	L
K	R	A	S	N	O	G	N	C	A	I	B	M	L	P
S	A	U	A	O	O	U	A	Z	F	R	U	G	D	E
H	C	T	W	O	R	L	L	K	R	Q	D	M	C	G
W	H	F	H	M	Q	Y	P	C	W	H	E	E	C	L
E	T	M	S	T	R	A	L	I	N	G	I	F	D	W

ASTEROÏDE
ASTRONAUT
ASTRONOOM
HEMEL
KOSMOS
STERRENBEELD
EQUINOX
ZWAARTEKRACHT
MAAN
METEOOR

NEVEL
OBSERVATORIUM
PLANEET
STRALING
RAKET
SUPERNOVA
TELESCOOP
AARDE
UNIVERSUM

13 - Algebra

L	G	R	A	F	I	E	K	N	P	I	B	E	V	U
I	D	F	M	T	U	Y	P	U	A	B	V	X	E	Z
N	E	S	Y	N	V	C	C	L	O	S	A	P	R	M
E	I	T	C	A	R	F	C	F	G	T	R	O	G	V
A	M	O	S	O	K	K	D	Y	N	N	I	N	E	B
I	E	G	N	I	S	S	O	L	P	O	A	E	L	V
R	E	P	E	L	U	M	R	O	F	T	B	N	I	N
I	L	N	K	X	D	Q	S	N	D	S	E	T	J	F
E	B	Z	K	X	B	X	F	K	U	O	L	G	K	A
I	O	N	E	I	N	D	I	G	V	M	E	O	I	C
O	R	E	R	R	E	Y	A	O	A	T	M	H	N	T
D	P	H	T	T	F	T	U	C	L	T	O	E	G	O
X	M	G	F	A	J	C	K	T	S	D	Q	F	R	R
J	P	U	A	M	D	I	A	G	R	A	M	L	U	F
H	A	A	K	J	E	I	S	I	V	I	D	M	D	O

DIAGRAM
DIVISIE
VERGELIJKING
EXPONENT
VALS
FACTOR
FORMULE
FRACTIE
GRAFIEK
ONEINDIG
LINEAIR
MATRIX
NUMMER
HAAKJE
PROBLEEM
OPLOSSING
SOM
AFTREKKEN
VARIABELE
NUL

14 - Mitologia

Q	O	K	H	X	M	W	B	F	O	H	L	O	O	D
D	E	F	R	R	P	A	W	R	A	A	K	S	V	E
V	P	S	Y	I	O	C	G	A	R	D	E	G	E	C
H	Y	T	N	Z	J	Q	J	I	M	Q	G	F	R	G
L	T	M	V	E	N	G	M	Z	S	N	X	H	T	Y
H	E	L	D	M	D	G	E	U	K	C	T	D	U	M
F	H	N	P	S	D	N	N	R	J	Y	H	O	I	E
G	C	R	J	A	L	O	E	Z	I	E	X	N	G	X
C	R	E	A	T	I	E	D	G	L	I	B	D	I	I
O	A	T	U	H	L	N	E	Z	E	W	L	E	N	W
Z	O	S	E	C	W	A	H	R	F	L	I	R	G	F
Y	U	N	H	A	U	G	D	V	R	E	K	H	E	O
W	O	O	Q	R	Y	O	O	A	E	P	S	O	N	N
U	K	M	B	K	V	U	G	U	T	K	E	F	I	B
Y	H	C	U	L	T	U	U	R	S	P	M	A	R	R

ARCHETYPE
GEDRAG
WEZEN
CREATIE
OVERTUIGINGEN
CULTUUR
RAMP
GODHEDEN
HELD
KRACHT
BLIKSEM
JALOEZIE
KRIJGER
DOOLHOF
LEGENDE
MAGISCH
STERFELIJK
MONSTER
DONDER
WRAAK

15 - Piante

V	U	N	E	T	R	E	D	A	L	B	E	G	P	V
B	W	O	E	C	G	B	V	M	M	I	K	R	L	E
S	T	R	U	I	K	J	Y	M	N	F	S	O	A	G
I	S	U	T	C	A	C	W	J	N	U	B	E	N	E
P	E	C	D	B	K	L	I	M	O	P	O	I	T	T
Y	M	Y	J	Z	L	S	G	G	C	S	O	E	K	A
P	H	U	Z	V	Y	O	V	G	M	X	M	N	U	T
B	D	M	O	S	U	B	E	B	O	O	N	C	N	I
S	A	R	G	R	W	T	X	M	R	A	I	Q	D	E
F	L	M	C	A	R	I	D	O	B	D	U	N	E	B
O	L	E	B	D	V	K	G	F	U	L	T	X	N	K
S	E	O	T	O	W	O	R	T	E	L	A	W	J	P
H	S	L	R	V	E	U	Y	K	G	T	X	D	K	B
B	R	B	W	A	L	E	O	E	Z	M	Q	S	J	E
J	X	N	Q	Q	W	N	N	Q	M	S	J	C	I	S

BOOM
BES
BAMBOE
PLANTKUNDE
CACTUS
STRUIK
GROEIEN
KLIMOP
GRAS
BOON
MEST
BLOEM
FLORA
GEBLADERTE
BOS
TUIN
MOS
BLOEMBLAD
WORTEL
VEGETATIE

16 - Spezie

I	H	H	K	H	O	S	N	A	K	G	V	W	V	K
B	W	A	Z	I	V	U	D	M	O	E	V	K	L	A
L	J	O	T	A	A	K	S	U	M	T	O	O	N	R
A	V	A	N	I	L	L	E	K	I	R	T	O	E	D
N	K	E	V	U	I	F	S	R	J	D	U	L	N	E
I	P	I	Q	U	H	Z	L	U	N	A	R	F	Z	M
J	E	R	R	N	U	T	I	K	T	Q	Z	O	I	O
S	P	R	X	P	S	A	F	F	R	A	A	N	P	M
Z	E	E	L	Y	A	S	X	F	Z	K	Z	K	Z	B
F	R	K	M	H	E	P	N	A	O	A	G	O	L	R
Y	L	W	P	A	I	L	P	T	U	N	E	H	E	E
K	O	R	I	A	N	D	E	R	T	E	M	R	K	T
J	X	S	O	G	R	K	T	K	M	E	B	E	N	T
L	V	H	V	Z	A	C	P	S	O	L	E	Q	E	I
O	V	H	R	O	F	Q	M	S	S	N	R	V	V	B

KNOFLOOK
BITTER
ANIJS
KANEEL
KARDEMOM
UI
KORIANDER
KOMIJN
KURKUMA
KERRIE
ZOET
VENKEL
DROP
NOOTMUSKAAT
PAPRIKA
PEPER
ZOUT
VANILLE
SAFFRAAN
GEMBER

17 - Numeri

D	O	P	Q	G	S	U	U	E	D	O	Z	A	U	B
W	M	I	P	F	U	Q	X	W	E	V	E	I	R	D
E	L	U	Q	N	J	N	N	K	R	I	V	N	T	V
N	E	G	E	N	T	I	E	N	T	E	E	E	I	E
O	V	G	O	E	H	D	V	F	I	R	N	G	E	E
G	N	Y	A	I	C	K	E	Y	E	P	T	E	N	R
P	A	B	K	T	A	M	Z	Q	N	M	I	N	S	T
V	P	G	K	T	O	X	T	P	C	L	E	E	Q	I
V	V	H	C	H	C	T	R	W	V	L	N	I	I	E
Y	K	M	H	C	C	L	N	V	I	V	E	T	H	N
T	O	F	L	A	A	W	T	N	I	N	I	F	O	H
F	W	D	E	C	I	M	A	A	L	Q	T	J	B	Z
Z	M	E	P	M	C	C	W	Z	U	M	S	I	Q	R
Z	I	R	E	I	O	Y	A	I	N	V	E	V	G	C
Z	E	S	S	I	Z	V	P	W	C	J	Z	S	E	T

VIJF
DECIMAAL
NEGENTIEN
ZEVENTIEN
ACHTTIEN
TIEN
TWAALF
TWEE
NEGEN
ACHT
VEERTIEN
VIER
VIJFTIEN
ZESTIEN
ZES
ZEVEN
DRIE
DERTIEN
TWINTIG
NUL

18 - Cioccolato

C	A	L	O	R	I	E	Ë	N	K	A	L	E	I	P
C	A	C	A	O	R	I	X	T	O	R	N	X	N	I
F	A	V	O	R	I	E	T	P	K	O	J	O	G	N
S	U	I	K	E	R	D	B	E	O	M	T	T	R	D
D	I	R	S	M	A	A	K	C	S	A	T	I	E	A
H	L	L	S	C	G	Q	Q	E	N	K	G	S	D	S
K	E	Z	P	O	E	D	E	R	O	W	W	C	I	C
F	M	E	O	Y	Q	R	P	Y	O	A	B	H	Ë	P
R	A	F	R	E	L	V	R	J	T	L	I	K	N	Y
L	R	Z	P	L	T	V	W	X	H	I	T	A	T	I
D	A	G	Q	H	I	I	X	Y	I	T	T	Z	M	P
C	K	N	N	E	S	J	W	V	M	E	E	U	Y	K
S	N	O	E	P	J	J	K	U	R	I	R	I	M	T
A	R	T	I	S	A	N	A	A	L	T	A	T	R	Z
F	Z	U	Y	A	N	T	I	O	X	I	D	A	N	T

BITTER
ANTIOXIDANT
PINDA'S
AROMA
ARTISANAAL
CACAO
CALORIEËN
SNOEP
KARAMEL
HEERLIJK

ZOET
EXOTISCH
SMAAK
INGREDIËNT
KOKOSNOOT
POEDER
FAVORIET
KWALITEIT
RECEPT
SUIKER

19 - Guida

V	W	D	U	A	B	S	V	Z	C	R	M	R	F	W
E	C	E	E	M	T	R	A	A	K	A	E	O	N	F
R	K	H	G	Y	I	E	A	R	K	K	Y	Y	C	D
V	T	R	A	A	V	E	G	N	T	U	N	N	E	L
O	M	E	R	R	P	K	A	R	D	T	O	T	R	I
E	J	M	A	X	Z	R	I	O	G	S	P	D	G	X
R	M	M	G	N	P	E	V	T	N	O	T	U	A	U
H	Q	E	B	U	S	V	L	O	S	G	O	O	S	M
X	Q	N	I	P	W	K	S	M	R	W	E	K	F	X
V	O	E	T	G	A	N	G	E	R	S	I	L	S	C
V	E	I	L	I	G	H	E	I	D	U	T	H	U	S
A	A	W	Y	W	E	I	T	N	E	C	I	L	X	K
M	O	T	O	R	F	I	E	T	S	G	L	L	E	X
S	N	E	L	H	E	I	D	G	Z	P	O	N	D	Q
J	B	I	L	L	I	Z	C	Q	W	U	P	R	Z	W

AUTO
BUS
BRANDSTOF
REMMEN
GARAGE
GAS
ONGELUK
LICENTIE
KAART
MOTORFIETS
MOTOR
VOETGANGER
GEVAAR
POLITIE
VEILIGHEID
WEG
VERKEER
VERVOER
TUNNEL
SNELHEID

20 - I Media

B	E	P	Q	N	Z	F	B	A	E	W	A	C	A	I
T	B	H	U	S	P	C	O	I	D	A	R	O	D	N
G	F	N	W	B	P	D	H	T	R	Y	J	M	V	D
R	H	V	M	X	L	A	A	K	O	L	V	M	E	I
N	T	S	L	Y	L	I	U	G	G	S	C	U	R	V
S	D	X	G	A	E	S	E	U	L	Y	X	N	T	I
W	J	E	F	Z	E	A	P	K	X	W	G	I	E	D
G	N	I	R	E	I	C	N	A	N	I	F	C	N	U
N	E	R	W	D	C	F	E	I	T	E	N	A	T	E
I	T	T	C	R	R	C	D	C	B	T	X	T	I	E
N	W	S	C	N	E	N	I	L	N	O	A	I	E	L
E	E	U	O	I	M	D	Y	K	J	U	J	E	S	G
M	R	D	Y	R	M	P	N	K	R	A	N	T	E	N
T	K	N	W	G	O	E	S	O	I	P	R	W	L	Y
M	V	I	D	S	C	E	D	I	T	I	E	S	H	H

COMMERCIEEL
COMMUNICATIE
EDITIE
ONDERWIJS
FEITEN
FINANCIERING
FOTO'S
KRANTEN
INDIVIDUEEL
INDUSTRIE
LOKAAL
ONLINE
MENING
ADVERTENTIES
PUBLIEK
RADIO
NETWERK

21 - Forza e Gravità

I	K	Z	P	F	D	M	P	M	C	M	G	A	K	A
N	M	B	H	W	V	A	O	L	P	N	K	Q	F	F
A	D	P	B	J	C	G	N	G	A	U	V	X	T	S
T	Y	S	A	T	K	N	T	S	E	N	O	L	I	T
U	N	U	C	C	S	E	D	O	D	W	E	C	J	A
U	A	N	I	M	T	T	E	R	Z	Z	I	T	D	N
R	M	I	N	R	G	I	K	U	R	D	T	C	E	D
K	I	V	A	S	N	S	K	M	Q	S	M	S	H	N
U	S	E	H	J	I	M	I	Y	C	U	A	M	Y	T
N	C	R	C	U	V	E	N	C	E	N	T	R	U	M
D	H	S	E	B	J	F	G	N	I	G	E	W	E	B
E	L	E	M	E	I	G	E	N	D	O	M	M	E	N
O	S	E	E	F	R	S	N	E	L	H	E	I	D	A
W	X	L	R	U	W	J	X	U	Y	Q	S	N	G	A
U	I	T	B	R	E	I	D	I	N	G	W	Z	H	B

AS
WRIJVING
CENTRUM
DYNAMISCH
AFSTAND
UITBREIDING
NATUURKUNDE
IMPACT
MAGNETISME
MECHANICA

BEWEGING
BAAN
GEWICHT
PLANETEN
DRUK
EIGENDOMMEN
ONTDEKKING
TIJD
UNIVERSEEL
SNELHEID

22 - Caffè

Z	O	K	M	U	B	Z	O	N	D	D	M	A	V	B
K	U	O	L	M	H	W	V	C	R	R	Q	R	H	P
F	V	U	R	X	F	A	N	G	H	E	M	O	O	R
D	A	W	R	S	Z	R	N	P	T	T	P	M	N	E
R	R	A	E	J	P	T	Q	E	S	S	E	A	P	K
A	I	T	K	I	D	R	J	K	F	O	E	N	X	E
N	Ë	E	I	R	V	E	O	W	T	O	E	E	D	B
K	T	R	U	P	F	T	J	N	T	R	K	L	E	M
A	E	W	S	P	S	L	P	B	G	E	Y	A	W	Y
A	I	Q	S	F	U	I	Z	I	A	G	T	M	N	Q
M	T	W	B	C	C	F	O	T	S	I	E	O	L	V
S	X	Q	N	T	I	M	N	T	O	V	W	V	W	C
M	S	W	J	T	C	H	O	E	P	X	Q	D	X	V
F	W	J	P	J	J	W	I	R	J	X	B	E	L	R
C	A	F	E	Ï	N	E	K	F	F	L	Q	J	U	D

ZUUR
WATER
BITTER
AROMA
GEROOSTERD
DRANK
CAFEÏNE
ROOM
FILTER
SMAAK
MELK
VLOEISTOF
MALEN
OCHTEND
ZWART
OORSPRONG
PRIJS
BEKER
VARIËTEIT
SUIKER

23 - Uccelli

O	F	P	Q	A	M	N	M	G	F	W	S	Z	K	A
Q	T	N	F	Z	E	R	F	X	J	C	A	O	O	O
U	Z	Y	I	X	E	E	K	I	S	J	L	M	E	O
B	T	M	Y	A	U	E	S	M	U	S	E	R	K	I
S	M	W	L	F	W	U	A	P	N	D	G	Z	O	E
P	E	L	I	K	A	A	N	A	K	E	O	T	E	V
P	H	E	R	Q	I	R	A	K	A	D	V	L	K	A
I	I	A	J	O	K	E	D	G	A	N	S	I	H	A
K	V	N	V	O	G	I	E	D	A	E	I	C	W	R
S	Q	T	G	I	X	G	L	F	V	E	U	R	B	H
W	Y	C	C	U	K	E	A	D	M	U	R	F	K	N
S	K	F	P	G	Ï	R	A	L	Y	U	T	N	O	X
Z	W	A	A	N	W	N	R	W	G	T	S	F	Z	I
B	I	Q	Z	G	I	F	L	A	M	I	N	G	O	C
J	E	T	X	Z	X	W	P	A	P	E	G	A	A	I

REIGER
EEND
ADELAAR
OOIEVAAR
ZWAAN
KOEKOEK
HAVIK
FLAMINGO
MEEUW
GANS
PAPEGAAI
MUS
PAUW
PELIKAAN
DUIF
PINGUÏN
KIP
STRUISVOGEL
TOEKAN
EI

24 - Giorni e Mesi

D	V	L	H	D	W	G	V	X	J	O	D	V	Z	K
Z	E	I	N	L	I	E	I	X	S	K	I	R	A	A
J	U	C	R	A	A	J	E	W	U	T	N	I	Z	L
Z	Y	T	E	M	E	Q	M	K	T	O	S	J	W	E
I	Z	P	B	M	A	Z	V	P	S	B	D	D	B	N
X	V	T	M	N	B	E	L	P	U	E	A	A	U	D
W	K	W	E	C	A	E	I	G	G	R	G	G	P	E
J	O	I	V	C	R	I	R	A	U	R	B	E	F	R
A	O	E	O	H	A	L	P	D	A	M	U	N	E	R
N	E	O	N	C	W	U	A	N	Q	F	N	W	Q	J
U	H	C	G	S	G	J	G	A	D	R	E	T	A	Z
A	P	L	D	E	D	N	A	A	M	J	U	N	I	F
R	S	V	X	Q	G	A	C	M	H	O	D	F	Z	G
I	C	W	J	Y	W	V	G	A	D	N	O	Z	G	U
S	E	P	T	E	M	B	E	R	B	P	M	C	D	L

AUGUSTUS
JAAR
APRIL
KALENDER
DECEMBER
ZONDAG
FEBRUARI
JANUARI
JUNI
JULI

MAANDAG
DINSDAG
WOENSDAG
MAAND
NOVEMBER
OKTOBER
ZATERDAG
SEPTEMBER
WEEK
VRIJDAG

25 - Casa

K	U	K	E	K	E	E	H	T	O	I	L	B	I	B
A	K	E	Z	A	Y	I	A	H	J	B	I	L	G	I
M	D	U	H	D	X	P	A	S	P	M	F	Y	S	J
E	J	K	T	P	R	H	R	E	D	L	O	Z	T	I
R	D	E	P	L	D	Y	D	C	P	S	A	T	A	L
E	N	N	G	V	U	O	G	A	R	A	G	E	P	S
N	O	V	Z	D	D	U	U	U	C	X	V	C	I	C
F	F	L	B	C	T	E	F	C	F	T	P	P	J	F
R	A	A	M	A	U	O	U	T	H	V	V	Y	T	B
Y	L	E	G	E	I	P	S	R	E	E	L	Y	I	E
O	P	L	M	H	N	A	A	R	K	V	O	A	N	Z
L	M	E	U	J	E	O	J	C	R	B	E	Z	Q	E
D	A	X	U	S	A	K	F	R	D	Z	R	R	W	M
R	L	H	R	J	R	J	J	F	C	C	R	B	L	L
C	N	L	A	B	D	M	B	G	F	T	O	Q	R	V

ZOLDER
BIBLIOTHEEK
KAMER
HAARD
KEUKEN
DOUCHE
RAAM
GARAGE
TUIN
LAMP
MUUR
VLOER
DEUR
HEK
KRAAN
BEZEM
PLAFOND
SPIEGEL
TAPIJT
DAK

26 - Ristorante #1

K	O	F	F	I	E	S	B	K	T	B	S	O	V	W
V	O	E	D	S	E	L	R	A	B	J	Z	A	S	Y
P	V	L	E	E	S	I	O	S	O	Q	F	H	U	K
I	I	L	E	B	G	N	O	S	R	I	A	Z	N	S
K	E	T	J	B	V	G	D	I	D	H	R	I	E	A
O	N	T	T	F	I	R	N	E	K	U	E	K	M	L
B	O	H	E	I	N	E	Q	R	H	M	T	H	E	L
S	N	S	O	N	G	D	Y	S	G	T	S	Y	H	E
H	L	L	T	D	Y	I	P	S	X	X	R	R	L	R
S	E	R	V	E	T	Ë	P	Q	J	Y	E	O	B	G
Z	B	G	Z	A	X	N	I	K	C	U	E	H	X	I
K	Y	G	R	E	E	T	Y	E	H	Y	V	W	V	E
O	F	A	D	Y	Z	E	Y	G	L	L	R	K	T	U
M	L	P	L	H	O	N	M	E	S	D	E	M	Z	G
R	E	S	E	R	V	E	R	I	N	G	S	T	A	A

ALLERGIE
KOFFIE
SERVEERSTER
VLEES
KASSIER
VOEDSEL
KOM
MES
KEUKEN
TOETJE
INGREDIËNTEN
ETEN
MENU
BROOD
BORD
PITTIG
KIP
RESERVERING
SAUS
SERVET

27 - Fantascienza

O	R	U	D	F	A	N	T	A	S	T	I	S	C	H
R	O	T	N	E	M	E	X	P	L	O	S	I	E	B
A	B	O	A	W	N	Y	W	L	B	R	Z	Y	A	R
K	O	P	R	M	O	K	S	B	U	H	X	V	W	B
E	T	I	B	I	R	Z	B	T	O	S	L	Q	F	Y
L	S	E	M	R	O	N	C	E	E	E	K	Z	M	C
M	E	R	H	A	T	O	O	M	E	R	K	Q	V	B
E	X	T	R	E	E	M	T	B	I	L	I	E	Q	R
J	M	A	Q	Y	Q	E	A	U	P	Y	D	E	N	T
B	I	O	S	C	O	O	P	J	O	F	D	I	U	T
S	C	E	N	A	R	I	O	D	T	K	G	M	G	S
A	F	N	N	H	C	S	I	T	S	I	L	A	E	R
W	E	R	E	L	D	O	X	R	Y	X	V	V	B	H
E	Q	I	L	L	U	S	I	E	D	H	I	Q	P	U
H	T	C	Z	G	P	L	A	N	E	E	T	I	V	B

ATOOM
BIOSCOOP
DYSTOPIE
EXPLOSIE
EXTREEM
FANTASTISCH
BRAND
ILLUSIE
DENKBEELDIG

BOEKEN
MYSTERIEUS
WERELD
ORAKEL
PLANEET
REALISTISCH
ROBOTS
SCENARIO
UTOPIE

28 - Città

G	I	N	M	G	B	M	B	T	F	C	O	A	T	T
E	G	T	U	A	A	N	I	K	H	L	T	S	F	I
Y	P	J	S	L	K	E	V	R	Z	E	X	L	C	E
B	Y	W	E	E	K	E	O	A	T	T	A	C	N	T
S	O	U	U	R	E	O	E	M	M	O	K	T	K	I
K	U	E	M	I	R	M	R	L	C	H	E	N	E	S
L	W	P	K	J	I	A	P	O	T	H	E	E	K	R
I	I	O	E	H	J	P	V	O	C	B	H	V	G	E
N	N	O	E	R	A	T	A	H	O	L	T	A	C	V
I	K	C	C	R	M	N	K	C	N	O	O	H	R	I
E	E	S	X	D	P	A	D	S	F	E	I	T	J	N
K	L	O	I	X	J	N	R	E	T	M	L	H	D	U
N	O	I	D	A	T	S	U	K	L	I	B	C	U	H
A	Z	B	K	S	L	Q	W	Y	T	S	I	U	A	F
B	R	N	X	Z	C	V	L	W	F	T	B	L	A	P

LUCHTHAVEN
BANK
BIBLIOTHEEK
BIOSCOOP
KLINIEK
APOTHEEK
BLOEMIST
GALERIJ
HOTEL
BOEKHANDEL
MARKT
MUSEUM
WINKEL
BAKKERIJ
SCHOOL
STADION
SUPERMARKT
THEATER
UNIVERSITEIT

29 - Fattoria #1

Q	N	E	K	R	A	V	I	F	C	A	B	H	P	I
T	H	T	A	M	E	S	T	O	C	B	G	E	H	T
H	N	Q	T	T	K	M	T	Y	E	E	J	K	M	X
U	N	J	S	W	U	O	B	D	N	A	L	G	N	H
H	A	N	X	K	D	B	C	N	V	L	V	J	E	I
A	I	Z	Z	I	D	I	O	O	H	K	N	A	O	C
Y	F	J	G	L	E	J	O	H	C	A	E	R	C	M
I	B	C	P	E	I	Q	T	C	B	L	W	A	T	K
B	W	B	A	Z	I	A	L	K	J	F	Z	D	V	O
O	V	G	A	E	U	T	H	O	N	I	N	G	E	E
K	I	P	R	N	G	R	V	L	K	E	E	Z	L	F
S	Y	O	D	W	T	E	I	Z	I	W	D	F	D	O
L	Q	S	G	V	N	T	J	J	A	J	N	A	D	D
L	Q	Z	P	U	N	A	Y	B	S	E	D	V	Z	M
Z	Z	W	K	S	R	W	L	T	U	T	Q	D	L	V

WATER
LANDBOUW
BIJ
EZEL
VELD
HOND
GEIT
PAARD
MEST
HOOI
KAT
KUDDE
VARKEN
HONING
KOE
KIP
HEK
RIJST
ZADEN
KALF

30 - Psicologia

P	E	R	C	E	P	T	I	E	G	G	K	I	I	I
Z	S	E	B	Q	H	U	G	D	T	W	T	T	X	P
J	J	I	Z	W	V	F	M	F	C	T	T	D	X	R
P	K	T	S	E	R	V	A	R	I	N	G	E	N	E
K	L	I	N	I	S	C	H	S	L	Ë	A	O	T	A
P	J	N	G	E	V	O	E	L	F	E	R	L	H	L
A	R	G	O	I	V	A	Y	H	N	E	D	V	E	I
F	Z	O	D	P	I	C	Q	D	O	D	E	N	R	T
S	V	C	B	E	G	O	L	G	C	I	G	I	A	E
P	S	O	O	L	E	T	S	U	W	E	B	E	P	I
R	U	G	K	W	E	G	W	E	F	T	P	Z	I	T
A	M	J	H	H	L	E	E	J	V	C	W	C	E	X
A	X	Y	N	P	Y	R	M	E	M	O	T	I	E	S
K	G	E	D	A	C	H	T	E	N	B	A	J	M	O
O	N	D	E	R	B	E	W	U	S	T	B	Y	E	W

AFSPRAAK
KLINISCH
COGNITIE
GEDRAG
CONFLICT
EGO
EMOTIES
ERVARINGEN
IDEEËN
BEWUSTELOOS
JEUGD
INVLOED
GEDACHTEN
PERCEPTIE
PROBLEEM
REALITEIT
GEVOEL
ONDERBEWUST
THERAPIE

31 - Paesaggi

U	L	A	P	I	V	U	L	K	A	A	N	D	W	W
I	E	I	Z	I	Z	E	E	B	T	T	J	Q	O	J
D	N	Y	P	E	N	V	O	E	Y	N	I	D	L	Q
U	P	D	K	L	D	S	W	Q	A	Q	M	D	V	B
P	V	N	I	L	N	F	E	T	S	G	J	N	C	J
M	L	A	L	A	V	R	E	T	A	W	O	A	S	E
W	V	L	E	V	U	E	H	H	R	T	G	R	E	B
O	O	I	J	S	B	E	R	G	E	O	L	T	M	Z
C	R	E	E	A	U	M	D	Z	O	E	E	S	W	W
E	F	R	S	I	K	R	N	X	M	N	T	O	R	G
A	F	E	D	T	L	N	I	L	I	D	S	X	F	H
A	C	I	H	G	I	A	X	V	N	R	J	C	E	O
N	S	H	Q	Y	N	J	N	M	I	A	E	O	I	L
K	H	C	X	H	B	N	N	D	G	E	R	S	F	I
W	K	S	G	E	I	S	E	R	L	I	R	I	O	P

WATERVAL
HEUVEL
WOESTIJN
RIVIER
GEISER
GLETSJER
GROT
IJSBERG
EILAND
MEER
ZEE
BERG
OASE
OCEAAN
MOERAS
SCHIEREILAND
STRAND
TOENDRA
VALLEI
VULKAAN

32 - Energia

Y	U	N	O	C	Q	F	V	M	J	J	Z	K	L	W
D	N	I	W	T	F	M	O	O	T	S	Q	I	E	A
I	V	Z	D	V	F	A	Q	T	M	J	D	N	P	T
E	N	I	B	R	U	T	O	V	O	Y	U	V	E	E
S	V	R	A	A	B	W	U	E	I	N	R	E	H	R
E	G	B	I	K	F	M	N	T	M	O	K	I	C	S
L	N	H	O	N	B	Z	U	M	O	R	O	P	S	T
D	I	U	Y	I	D	S	Q	R	T	T	O	O	I	O
V	L	K	U	Z	B	U	R	A	O	K	L	R	R	F
U	I	W	E	L	Z	E	S	W	R	E	S	T	T	H
I	U	A	C	C	U	U	N	T	P	L	T	N	K	X
X	V	G	F	U	X	P	S	Z	R	E	O	E	E	I
B	R	A	N	D	S	T	O	F	I	I	F	O	L	V
S	E	N	U	C	L	E	A	I	R	N	E	T	E	G
K	V	J	D	V	T	V	G	N	I	V	E	G	M	O

OMGEVING
ACCU
BENZINE
WARMTE
KOOLSTOF
BRANDSTOF
DIESEL
ELEKTRISCH
ELEKTRON
ENTROPIE

FOTON
WATERSTOF
INDUSTRIE
VERVUILING
MOTOR
NUCLEAIR
HERNIEUWBAAR
TURBINE
STOOM
WIND

33 - Ristorante #2

D	P	K	P	I	X	T	C	L	V	I	F	O	W	P
V	Q	E	I	E	R	E	N	E	G	I	C	B	P	Z
O	H	D	O	Y	M	J	E	P	H	U	S	E	F	L
O	V	A	L	S	M	K	J	E	O	F	V	R	G	G
R	A	L	Y	C	Z	X	I	L	E	O	T	S	F	J
G	D	A	K	S	W	Y	R	I	C	A	K	E	Z	Q
E	R	S	Z	L	D	R	E	T	N	E	O	R	G	Z
R	A	I	K	F	L	N	C	W	A	T	E	R	O	F
E	N	J	N	O	U	Q	E	P	J	F	H	Q	S	V
C	K	S	W	R	N	S	P	V	K	Q	D	T	D	S
H	Y	X	X	D	C	M	S	L	B	G	V	Z	H	M
T	I	U	R	F	H	P	W	G	C	L	E	O	Q	D
Q	H	E	E	R	L	I	J	K	N	T	J	U	P	N
D	N	O	R	D	F	J	W	M	H	Y	H	T	V	U
D	I	N	E	R	U	R	E	P	H	K	N	G	Q	I

WATER
VOORGERECHT
DRANK
OBER
DINER
LEPEL
HEERLIJK
VORK
FRUIT
IJS
SALADE
SOEP
VIS
LUNCH
ZOUT
STOEL
SPECERIJEN
CAKE
EIEREN
GROENTE

34 - Giardino

A	P	R	Z	J	G	N	A	L	S	Z	B	K	R	D
T	D	P	U	O	A	S	A	R	G	G	M	A	V	E
W	R	T	O	N	R	T	Q	G	A	Z	O	N	N	N
B	A	A	T	Q	A	R	S	C	H	O	P	Y	Y	K
A	A	M	M	Q	G	U	A	U	P	T	C	I	V	R
R	G	G	W	P	E	I	M	K	C	P	K	K	I	A
V	M	N	V	W	O	K	H	K	W	K	Z	L	J	H
O	O	A	F	C	M	L	T	S	K	R	X	Z	V	Z
N	O	H	M	P	J	A	I	L	L	H	X	B	E	X
K	B	T	E	R	R	A	S	N	H	E	K	D	R	G
R	W	I	J	N	S	T	O	K	E	T	W	V	M	X
U	E	N	O	M	U	I	T	H	A	J	A	J	B	H
I	Y	M	E	H	X	X	R	V	I	Z	W	F	O	F
D	T	U	I	N	X	I	K	Q	S	X	M	M	O	I
B	L	O	E	M	B	O	D	E	M	S	V	S	M	S

BOOM
HANGMAT
STRUIK
GRAS
ONKRUID
BLOEM
BOOMGAARD
GARAGE
TUIN
SCHOP

BANK
GAZON
HARK
HEK
VIJVER
BODEM
TERRAS
TRAMPOLINE
SLANG
WIJNSTOK

35 - Riscaldamento Globale

A	A	A	N	D	A	C	H	T	E	I	H	A	N	U
G	R	R	E	P	P	A	H	C	S	N	E	T	E	W
A	L	C	K	L	I	M	A	A	T	D	G	D	G	M
S	E	I	T	A	L	U	P	O	P	U	N	U	L	I
F	G	Q	K	I	C	R	J	F	O	S	I	H	O	L
P	K	E	F	Y	S	K	O	G	I	T	R	G	V	I
C	R	I	S	I	S	C	E	I	G	R	E	N	E	E
M	E	N	S	E	N	A	H	Q	D	I	G	L	G	U
G	E	N	E	R	A	T	I	E	S	E	E	J	T	S
T	O	E	K	O	M	S	T	J	M	P	R	W	L	K
Y	F	K	T	E	M	P	E	R	A	T	U	R	E	N
J	H	W	G	E	G	E	V	E	N	S	G	A	Y	D
I	C	E	Y	H	P	K	R	T	H	Y	U	F	C	R
O	N	T	W	I	K	K	E	L	I	N	G	H	X	J
W	E	T	G	E	V	I	N	G	A	D	R	W	U	Q

MILIEU
ARCTISCH
AANDACHT
KLIMAAT
GEVOLGEN
CRISIS
GEGEVENS
ENERGIE
TOEKOMST
GAS
GENERATIES
REGERING
INDUSTRIE
WETGEVING
NU
POPULATIES
WETENSCHAPPER
ONTWIKKELING
TEMPERATUREN
MENSEN

36 - Frutta

D	Q	Z	U	N	E	O	R	T	I	C	X	A	M	G
E	O	X	J	H	E	W	K	P	C	Z	R	N	A	L
K	F	J	E	D	J	O	T	J	P	O	I	A	N	G
E	K	I	W	I	N	E	L	E	P	P	A	N	G	N
R	E	E	P	D	A	S	W	E	N	W	J	A	O	B
S	O	O	K	I	R	B	A	N	M	Q	A	S	E	B
K	E	C	W	F	O	M	M	I	U	R	P	L	H	J
Y	M	Z	K	R	R	Y	E	R	A	L	A	R	Q	Z
T	N	K	B	A	L	B	D	A	B	K	P	Y	Q	Z
G	P	L	Y	M	T	B	W	T	V	A	C	X	Y	L
Q	E	N	N	B	K	R	Z	C	D	O	N	M	P	D
I	R	A	J	O	S	Z	Z	E	Q	L	C	A	I	Z
T	Z	E	Y	O	Y	N	M	N	L	B	J	A	A	J
M	I	G	B	S	D	R	U	I	F	C	K	R	D	N
I	K	A	F	V	M	S	A	X	R	Z	F	B	J	O

ABRIKOOS
ANANAS
ORANJE
AVOCADO
BES
BANAAN
KERS
KIWI
FRAMBOOS
CITROEN
MANGO
APPEL
MELOEN
BRAAM
NECTARINE
PAPAJA
PEER
PERZIK
PRUIM
DRUIF

37 - Fattoria #2

R	A	I	Z	E	G	E	R	S	T	U	W	T	F	G
N	A	R	E	D	E	B	O	E	R	P	N	U	R	Z
J	T	R	J	I	M	N	S	C	H	U	U	R	U	W
V	M	I	K	E	L	E	D	O	N	E	R	E	I	D
O	A	G	A	W	I	Z	W	D	R	I	W	D	T	T
E	Ï	A	M	A	L	N	N	T	A	W	L	R	J	T
D	S	T	M	B	L	A	F	O	R	L	K	E	A	N
S	Z	I	U	T	V	G	I	B	Q	L	E	H	X	T
E	O	E	A	U	B	I	J	E	N	K	O	R	F	Q
L	B	O	O	M	G	A	A	R	D	K	L	U	B	P
G	I	P	O	C	T	R	A	C	T	O	R	E	T	U
F	R	L	Y	S	C	H	A	A	P	S	M	A	M	W
U	Y	J	M	Q	X	Q	T	R	D	U	T	T	A	S
B	R	I	E	A	C	I	C	E	O	Q	H	P	L	C
R	U	O	L	L	M	Q	T	H	N	H	R	L	C	X

LAM
BOER
BIJENKORF
EEND
DIEREN
VOEDSEL
SCHUUR
FRUIT
BOOMGAARD
TARWE
IRRIGATIE
LAMA
MELK
MAÏS
GANZEN
GERST
HERDER
SCHAAP
WEIDE
TRACTOR

38 - Verdure

M	R	A	A	P	P	A	L	O	A	C	A	S	G	K
Y	G	W	H	M	Q	R	E	R	W	T	U	J	D	O
S	A	L	A	D	E	T	P	E	I	V	B	A	D	M
P	B	T	J	X	U	I	P	B	S	O	E	L	S	K
J	E	R	Q	O	E	S	A	M	V	R	R	O	J	O
I	N	T	O	Z	L	J	D	E	R	A	G	T	R	M
R	E	Y	E	C	P	O	R	G	A	B	I	E	P	M
E	O	N	H	R	C	K	A	P	D	G	N	L	Y	E
D	P	G	B	E	S	O	A	Z	I	W	E	U	I	R
L	M	B	R	N	W	E	L	T	J	O	Z	Y	G	J
E	O	U	P	F	N	S	L	I	S	R	F	Y	F	M
S	P	I	N	A	Z	I	E	I	G	T	L	J	U	P
T	O	M	A	A	T	J	N	H	E	E	R	X	C	L
R	K	A	M	X	N	B	K	O	O	L	F	O	N	K
P	A	D	D	E	S	T	O	E	L	Y	Y	D	Q	W

KNOFLOOK
BROCCOLI
ARTISJOK
WORTEL
KOMKOMMER
UI
PADDESTOEL
SALADE
AUBERGINE
AARDAPPEL

ERWT
TOMAAT
PETERSELIE
RAAP
RADIJS
SJALOT
SELDERIJ
SPINAZIE
GEMBER
POMPOEN

39 - Musica

Z	Z	S	E	O	M	U	Z	I	K	A	A	L	T	L
S	K	A	D	Z	P	V	O	C	A	A	L	D	L	W
J	D	H	K	J	N	E	G	N	I	Z	S	X	Z	K
B	G	C	E	G	M	T	R	R	I	T	M	E	T	C
H	C	S	I	M	T	I	R	A	E	D	U	Z	N	Z
C	C	I	S	R	B	T	C	G	I	E	B	V	E	A
S	T	T	S	R	A	N	U	R	D	W	L	G	M	N
I	J	Ë	A	D	T	R	T	O	O	V	A	E	U	G
N	D	O	L	B	E	L	V	O	L	F	U	I	R	E
O	M	P	K	U	D	B	Y	K	E	N	O	N	T	R
M	U	Z	I	K	A	N	T	R	M	K	X	O	S	T
R	A	I	U	E	L	O	C	J	I	X	N	M	N	G
A	O	V	J	I	L	K	I	O	L	S	C	R	I	H
H	W	X	R	P	A	G	V	W	J	Y	C	A	J	W
Z	N	Y	R	S	B	O	P	N	A	M	E	H	A	R

ALBUM
HARMONIE
HARMONISCH
BALLADE
ZANGER
ZINGEN
KLASSIEK
KOOR
LYRISCH
MELODIE
MICROFOON
MUZIKAAL
MUZIKANT
OPERA
POËTISCH
OPNAME
RITMISCH
RITME
INSTRUMENT
VOCAAL

40 - Barbecue

T	Y	P	L	U	P	J	G	O	R	P	G	X	F	A
E	A	D	L	L	I	R	G	H	G	H	G	Q	N	U
M	A	P	I	E	F	T	Q	G	K	Z	O	U	T	E
T	I	V	Z	N	B	I	N	Q	I	N	P	O	B	T
F	A	Y	E	E	E	U	B	O	P	D	I	L	E	O
T	W	J	W	I	C	R	O	E	D	A	G	A	G	M
F	M	S	J	U	U	F	W	M	T	I	H	F	O	A
A	V	E	L	U	N	C	H	U	V	J	G	C	T	T
M	K	D	S	F	I	I	N	Z	O	J	H	I	T	E
I	G	A	U	S	J	C	V	I	E	W	O	D	N	N
L	H	L	A	P	E	R	T	E	D	V	N	K	G	G
I	X	A	S	F	P	N	C	K	S	O	G	I	A	K
E	J	S	H	E	E	T	U	G	E	Z	E	X	M	Z
Z	O	M	E	R	V	A	H	Q	L	L	R	X	E	M
N	X	Q	P	E	P	E	R	E	D	G	Q	K	S	L

HEET
DINER
VOEDSEL
UIEN
MESSEN
ZOMER
HONGER
FAMILIE
FRUIT
GAMES

GRILL
SALADES
UITNODIGING
MUZIEK
PEPER
KIP
TOMATEN
LUNCH
ZOUT
SAUS

41 - Fisica

X	L	E	M	S	I	T	E	N	G	A	M	F	Y	X
T	H	C	A	R	K	E	T	R	A	A	W	Z	Q	I
P	O	D	M	E	K	D	M	S	S	P	X	W	M	O
R	Q	I	Z	I	A	E	F	O	R	M	U	L	E	O
E	G	C	G	J	C	E	M	O	L	E	C	U	U	L
L	U	H	G	N	I	L	L	E	N	S	R	E	V	Z
A	N	T	C	O	N	T	N	U	C	L	E	A	I	R
T	I	H	H	R	A	J	S	N	E	L	H	E	I	D
I	V	E	A	T	H	E	C	H	E	M	I	S	C	H
V	E	I	O	K	C	X	P	H	D	R	O	T	O	M
I	R	D	S	E	E	B	I	H	K	E	L	O	W	Q
T	S	V	G	L	M	N	Y	O	M	A	X	J	T	S
E	E	I	Q	E	I	T	N	E	U	Q	E	R	F	A
I	E	U	I	T	B	R	E	I	D	I	N	G	H	B
T	L	S	X	F	Q	E	M	V	I	E	Q	V	W	W

VERSNELLING
ATOOM
CHAOS
CHEMISCH
DICHTHEID
ELEKTRON
UITBREIDING
FORMULE
FREQUENTIE
GAS
ZWAARTEKRACHT
MAGNETISME
MECHANICA
MOLECUUL
MOTOR
NUCLEAIR
DEELTJE
RELATIVITEIT
UNIVERSEEL
SNELHEID

42 - Agronomia

O	E	S	L	L	Z	W	J	Q	O	N	S	V	M	Q
I	H	C	S	I	N	A	G	R	O	T	P	E	E	R
Y	P	A	I	L	M	E	D	O	B	U	A	R	S	Q
N	C	B	F	K	G	B	F	E	H	N	H	V	T	S
O	N	D	E	R	Z	O	E	K	N	E	C	U	U	T
L	A	N	D	E	L	I	J	K	W	M	S	I	Y	M
D	R	V	U	I	Z	I	E	K	T	E	N	L	O	P
L	A	N	D	B	O	U	W	M	O	T	E	I	M	R
V	O	E	D	S	E	L	J	G	G	S	T	N	G	O
Z	E	D	R	L	S	U	X	R	P	Y	E	G	E	D
K	O	I	J	D	E	J	H	O	E	S	W	E	V	U
S	Z	Y	S	Q	K	C	R	E	H	T	L	F	I	C
E	C	O	L	O	G	I	E	I	L	Q	A	Y	N	T
S	U	U	K	F	R	Q	W	E	F	M	J	W	G	I
L	R	Z	C	T	J	E	N	E	R	G	I	E	P	E

WATER
LANDBOUW
OMGEVING
VOEDSEL
GROEI
ECOLOGIE
ENERGIE
EROSIE
MEST
VERVUILING

ZIEKTEN
ORGANISCH
PRODUCTIE
ONDERZOEK
LANDELIJK
WETENSCHAP
ZADEN
SYSTEMEN
BODEM

43 - Erboristeria

R	O	Z	E	M	A	R	I	J	N	I	U	T	O	K
D	I	L	L	E	L	I	O	Q	Q	J	M	W	E	W
K	N	O	F	L	O	O	K	R	I	V	E	J	U	A
E	X	S	L	X	R	E	L	L	E	K	N	E	V	L
G	B	L	O	E	M	A	S	A	Q	G	T	D	W	I
K	H	K	B	J	U	M	W	N	V	J	A	F	S	T
D	P	E	I	L	E	S	R	E	T	E	P	N	N	E
N	A	R	O	M	A	T	I	S	C	H	N	F	O	I
G	V	S	A	F	F	R	A	A	N	A	O	D	N	T
I	N	G	R	E	D	I	Ë	N	T	N	G	O	E	Q
U	T	E	V	Z	T	L	S	A	Y	K	A	D	O	L
H	N	I	E	L	O	J	R	A	M	W	R	Y	R	W
B	U	C	J	B	H	D	J	F	R	F	D	Z	G	V
G	M	W	R	M	U	C	I	L	I	S	A	B	Y	D
C	U	L	I	N	A	I	R	P	G	D	D	E	G	Z

KNOFLOOK
DILLE
AROMATISCH
BASILICUM
CULINAIR
DRAGON
VENKEL
BLOEM
TUIN
INGREDIËNT

LAVENDEL
MARJOLEIN
MUNT
OREGANO
PETERSELIE
KWALITEIT
ROZEMARIJN
TIJM
GROEN
SAFFRAAN

44 - Danza

D	T	J	C	R	K	H	G	N	I	G	E	W	E	B
K	O	B	U	L	E	I	M	E	D	A	C	A	M	E
I	C	L	L	I	I	P	Q	S	G	M	M	R	O	X
R	C	L	T	C	S	V	E	S	L	J	B	Q	T	P
U	B	G	U	H	S	F	G	T	L	G	D	M	I	R
U	X	N	R	A	A	S	Y	E	I	S	F	H	E	E
T	K	I	E	A	L	E	R	E	N	T	R	A	P	S
L	I	D	E	M	K	V	O	T	F	A	I	S	M	S
U	M	U	L	V	I	S	U	E	E	L	D	E	U	I
C	H	O	R	E	O	G	R	A	F	I	E	E	Z	E
K	P	H	W	B	N	K	Z	K	Z	R	M	C	I	F
S	P	R	I	N	G	E	N	U	U	I	B	O	E	J
A	B	C	Z	L	J	U	N	N	L	T	L	C	K	B
F	I	F	D	A	Y	D	X	S	Z	M	I	U	V	H
Y	V	I	C	C	O	L	H	T	I	E	J	J	B	V

ACADEMIE
KUNST
KLASSIEK
PARTNER
CHOREOGRAFIE
LICHAAM
CULTUUR
CULTUREEL
EMOTIE
EXPRESSIEF
BLIJ
GENADE
BEWEGING
MUZIEK
HOUDING
REPETITIE
RITME
SPRINGEN
VISUEEL

45 - Biologia

O	A	B	V	G	C	S	Y	M	B	I	O	S	E	R
Y	S	U	F	J	J	H	D	C	E	L	L	S	P	E
R	E	M	X	I	U	C	R	K	E	B	R	Y	H	P
B	V	Q	O	G	T	X	T	O	I	P	Q	N	P	T
M	O	H	G	S	T	W	O	G	M	X	E	A	J	I
E	L	F	F	R	E	I	D	G	O	O	Z	P	D	E
Z	U	E	N	Z	Y	M	F	X	T	Z	S	S	G	L
T	T	I	R	X	N	E	E	G	A	L	L	O	C	U
R	I	H	O	R	M	O	O	N	N	F	E	G	O	O
C	E	X	D	T	K	E	I	T	A	T	U	M	N	M
U	F	O	T	O	S	Y	N	T	H	E	S	E	E	H
M	V	N	Ë	I	R	E	T	C	A	B	B	Z	U	O
P	V	D	K	B	W	G	F	L	I	L	E	P	R	A
E	G	N	W	E	K	I	S	C	X	Z	M	M	O	U
Z	E	N	U	W	G	J	E	R	D	J	N	U	N	N

ANATOMIE
BACTERIËN
CEL
COLLAGEEN
CHROMOSOOM
EMBRYO
ENZYM
EVOLUTIE
FOTOSYNTHESE
ZOOGDIER
MUTATIE
ZENUW
NEURON
HORMOON
OSMOSE
EIWIT
REPTIEL
SYMBIOSE
SYNAPS

46 - Attività Commerciale

T	H	R	C	G	E	L	D	H	I	W	R	E	T	I
R	A	R	K	N	I	E	Y	F	Y	E	Z	K	O	N
A	N	D	P	I	N	K	F	J	I	R	D	E	B	V
N	D	C	K	T	S	N	I	W	F	K	Z	U	L	E
S	E	A	A	R	Q	I	I	B	R	G	D	K	H	S
A	L	R	W	O	T	W	Z	A	G	E	S	Z	U	T
C	S	R	E	K	O	S	T	E	N	V	D	U	Z	E
T	W	I	C	V	C	T	U	C	I	E	D	R	I	R
I	A	È	O	E	N	G	T	U	T	R	U	U	N	I
E	A	R	N	R	V	D	R	O	O	T	N	A	K	N
P	R	E	O	K	Z	F	A	B	R	I	E	K	O	G
I	N	C	M	O	O	Q	W	Z	G	B	T	F	M	A
E	T	L	I	O	L	R	E	M	E	N	K	R	E	W
Z	S	Q	E	P	F	G	X	X	B	B	J	A	N	J
F	I	N	A	N	C	I	Ë	N	V	A	L	U	T	A

BEGROTING
CARRIÈRE
KOSTEN
WERKGEVER
WERKNEMER
ECONOMIE
FABRIEK
FINANCIËN
INVESTERING
HANDELSWAAR
WINKEL
WINST
INKOMEN
KORTING
BEDRIJF
GELD
TRANSACTIE
KANTOOR
VALUTA
VERKOOP

47 - Fiori

M	E	X	N	N	F	E	Y	A	T	H	Y	Q	D	D
E	J	L	H	S	T	Q	W	N	J	I	M	S	A	J
O	A	U	F	Q	L	F	U	O	C	B	M	O	B	Q
L	R	L	E	D	N	E	V	A	L	I	B	O	L	D
B	E	V	K	T	V	P	L	C	B	S	A	R	O	R
E	V	O	X	T	E	E	D	I	H	C	R	O	E	D
N	A	R	C	I	S	B	G	X	E	U	N	D	M	F
N	P	L	U	T	Z	K	O	A	J	S	T	N	B	K
O	A	L	I	L	H	T	B	E	R	E	V	A	L	K
Z	P	G	I	S	Z	W	I	B	K	D	H	P	A	M
P	I	O	E	N	R	O	O	S	O	E	E	B	D	V
M	A	D	E	L	I	E	F	J	E	H	T	N	L	X
N	P	P	A	S	S	I	E	B	L	O	E	M	I	J
W	B	Z	P	P	L	U	M	E	R	I	A	V	K	A
N	U	O	B	M	A	G	N	O	L	I	A	J	Q	G

GARDENIA
JASMIJN
LELIE
ZONNEBLOEM
HIBISCUS
LAVENDEL
LILA
MAGNOLIA
MADELIEFJE
BOEKET
NARCIS
ORCHIDEE
PAPAVER
PASSIEBLOEM
PIOENROOS
BLOEMBLAD
PLUMERIA
ROOS
KLAVER
TULP

48 - Ecologia

K	Z	N	V	D	F	H	S	E	D	X	Z	T	Z	K
G	Y	H	Z	K	A	N	A	C	G	R	X	R	N	L
J	L	J	R	E	U	Y	R	B	N	U	T	G	A	I
T	X	O	K	I	N	C	E	V	I	U	I	T	T	M
D	F	E	B	T	A	T	O	A	V	T	V	I	U	A
Z	R	N	F	A	B	R	M	R	E	A	A	E	U	A
D	A	O	R	T	A	Q	X	I	L	N	R	T	R	T
D	Y	F	O	E	E	L	K	Ë	R	V	O	I	L	R
A	Z	T	E	G	F	Y	X	T	E	P	L	S	I	O
G	B	K	M	E	T	Y	U	E	V	B	F	R	J	O
K	L	J	M	V	A	E	F	I	O	E	S	E	K	S
D	U	U	R	Z	A	A	M	T	G	R	S	V	F	W
N	R	Q	P	L	A	N	T	E	N	G	S	I	O	K
M	A	R	I	N	I	E	R	W	A	E	Y	D	I	X
I	Y	R	Q	H	D	F	X	M	W	N	B	K	U	Y

KLIMAAT
DIVERSITEIT
FAUNA
FLORA
GLOBAAL
HABITAT
MARINIER
BERGEN
NATUUR
NATUURLIJK
MOERAS
PLANTEN
DROOGTE
OVERLEVING
DUURZAAM
SOORT
VARIËTEIT
VEGETATIE

49 - Discipline Scientifiche

P	S	Y	C	H	O	L	O	G	I	E	G	Q	B	X
Z	O	Ö	L	O	G	I	E	G	O	E	E	F	S	F
Z	R	Y	P	R	U	G	C	N	F	E	O	X	O	D
A	S	T	R	O	N	O	M	I	E	C	L	X	C	Q
N	E	B	K	A	V	M	D	D	B	O	O	A	I	E
A	E	H	I	W	R	G	Y	E	Z	L	G	N	O	M
B	D	U	X	O	O	C	B	O	T	O	I	A	L	E
I	N	Q	R	F	L	U	H	V	M	G	E	T	O	C
O	U	Q	N	O	L	O	M	E	S	I	I	O	G	H
C	K	K	M	O	L	D	G	P	O	E	G	M	I	A
H	L	M	R	W	K	O	O	I	I	L	J	I	E	N
E	A	L	F	N	G	M	G	B	E	D	O	E	J	I
M	A	E	I	G	O	L	O	I	S	Y	F	G	X	C
I	T	C	H	E	M	I	E	L	E	W	Q	U	I	A
E	I	G	O	L	A	R	E	N	I	M	K	O	K	E

ANATOMIE
ARCHEOLOGIE
ASTRONOMIE
BIOCHEMIE
BIOLOGIE
CHEMIE
ECOLOGIE
FYSIOLOGIE
GEOLOGIE
TAALKUNDE
MECHANICA
MINERALOGIE
NEUROLOGIE
VOEDING
PSYCHOLOGIE
SOCIOLOGIE
ZOÖLOGIE

50 - Scienza

K	L	I	M	A	A	T	V	N	D	K	G	A	B	U
T	F	M	V	N	E	L	A	R	E	N	I	M	H	G
H	C	E	F	V	S	F	O	T	E	Y	V	F	S	F
C	Y	H	G	M	V	N	W	T	L	A	G	O	G	V
A	S	P	E	S	S	Z	E	I	T	U	L	O	V	E
R	L	U	O	M	D	V	C	V	J	Y	V	E	O	D
K	W	T	J	T	I	N	W	N	E	N	B	S	R	O
E	X	G	S	O	H	S	P	Z	S	G	O	L	G	H
T	F	U	H	Y	N	E	C	L	M	G	E	X	A	T
R	F	E	I	T	A	R	S	H	N	A	J	G	N	E
A	F	O	S	S	I	E	L	E	O	O	R	D	I	M
A	O	B	S	E	R	V	A	T	I	E	T	X	S	O
W	O	M	E	M	N	E	L	U	C	E	L	O	M	O
Z	L	A	B	O	R	A	T	O	R	I	U	M	E	T
E	X	P	E	R	I	M	E	N	T	V	G	L	X	A

ATOOM
CHEMISCH
KLIMAAT
GEGEVENS
EXPERIMENT
EVOLUTIE
FEIT
FOSSIEL
ZWAARTEKRACHT
HYPOTHESE
LABORATORIUM
METHODE
MINERALEN
MOLECULEN
ORGANISME
OBSERVATIE
DEELTJES

51 - Acqua

I	Y	G	Y	O	P	D	F	V	O	W	W	C	F	D
J	H	P	F	Q	D	I	R	M	O	O	T	S	T	O
P	O	N	M	W	U	E	E	N	S	C	W	U	G	U
Y	J	W	L	Q	N	H	H	E	Z	I	H	B	C	C
J	Z	G	D	M	C	G	F	G	B	C	R	T	Q	H
K	A	N	A	A	L	I	R	E	I	V	I	R	I	E
N	M	I	E	A	I	T	S	R	O	V	I	G	T	G
S	O	P	I	V	H	H	D	O	C	E	A	A	N	P
I	E	M	T	X	L	C	W	X	Z	Q	M	T	T	N
M	S	A	A	G	E	O	N	X	U	H	E	S	C	G
S	S	D	G	F	U	V	G	P	G	D	E	J	G	D
R	O	R	I	M	Y	N	L	I	Y	Z	R	I	G	N
I	N	E	R	A	A	B	K	N	I	R	D	T	U	R
L	J	V	R	T	R	G	E	I	S	E	R	V	L	E
B	T	S	I	D	D	Z	X	O	R	K	A	A	N	D

KANAAL
DOUCHE
VERDAMPING
RIVIER
VORST
GEISER
IJS
IRRIGATIE
MEER
MOESSON
SNEEUW
OCEAAN
GOLVEN
REGEN
DRINKBAAR
VOCHTIGHEID
VOCHTIG
ORKAAN
STOOM

52 - Imbarcazioni

C	F	R	F	M	O	Y	S	R	W	Q	O	Q	S	D
V	L	O	T	H	C	S	I	T	U	A	N	J	A	Z
Z	Y	W	L	N	E	L	I	B	P	T	I	J	P	A
E	Q	V	T	K	A	J	A	K	R	I	V	I	E	R
I	A	Y	H	D	A	J	B	A	I	N	C	R	R	V
L	M	Y	B	G	N	I	N	N	A	M	E	B	T	H
B	S	C	V	A	U	C	H	E	C	Z	B	O	O	J
O	Y	D	Q	M	Y	S	E	V	O	Q	E	J	U	A
O	H	C	W	R	O	Q	U	L	H	U	K	E	W	C
T	A	B	F	S	Y	T	O	O	B	R	E	E	V	H
M	A	T	R	O	O	S	O	G	M	R	Z	B	Y	T
Q	C	P	F	A	B	A	P	R	W	E	I	T	L	B
V	J	I	H	P	I	M	X	N	J	K	E	U	V	P
E	R	E	A	Q	Z	R	L	K	A	N	O	R	I	B
L	E	L	O	Q	H	G	N	G	Y	A	B	C	C	S

MAST
ANKER
ZEILBOOT
BOEI
KANO
TOUW
BEMANNING
RIVIER
KAJAK
MEER
ZEE
TIJ
MATROOS
MOTOR
NAUTISCH
OCEAAN
GOLVEN
VEERBOOT
JACHT
VLOT

53 - Chimica

T	E	M	P	E	R	A	T	U	U	R	A	A	C	J
M	O	S	M	E	L	E	K	T	R	O	N	L	Z	P
W	A	T	E	R	S	T	O	F	O	K	F	K	U	N
M	F	I	O	N	A	M	I	G	O	O	A	A	U	U
O	O	Y	E	G	G	R	L	J	L	O	F	L	R	C
O	T	L	O	N	V	A	T	F	H	L	X	I	S	L
T	S	N	E	R	Z	W	G	D	C	S	H	S	T	E
A	I	U	M	C	G	Y	W	H	J	T	Z	C	O	A
X	E	S	V	Y	U	A	M	N	S	O	A	H	F	I
T	O	N	G	U	U	U	N	N	M	F	A	G	J	R
G	L	J	A	X	N	E	L	I	Z	O	U	T	V	G
B	V	K	F	X	K	S	F	A	S	K	O	B	W	U
K	E	F	T	U	E	K	U	T	H	C	I	W	E	G
Z	U	U	R	E	K	H	I	D	I	U	H	W	X	S
K	A	T	A	L	Y	S	A	T	O	R	P	A	M	X

ZUUR
ALKALISCH
ATOOM
WARMTE
KOOLSTOF
KATALYSATOR
CHLOOR
ELEKTRON
ENZYM
GAS
WATERSTOF
ION
VLOEISTOF
MOLECUUL
NUCLEAIR
ORGANISCH
ZUURSTOF
GEWICHT
ZOUT
TEMPERATUUR

54 - Api

A	L	Q	H	P	G	S	Z	F	D	U	O	F	I	K
N	I	M	A	L	C	B	W	R	R	B	H	C	N	O
C	H	G	B	A	W	T	E	K	M	U	Y	K	S	N
V	H	O	I	N	Q	M	R	Y	Q	E	I	W	E	I
B	G	J	T	T	P	L	M	K	V	T	I	T	C	N
Q	L	W	A	E	N	W	P	B	D	C	U	U	T	G
U	I	O	T	N	U	M	S	U	K	P	L	I	G	I
K	S	M	E	E	T	S	Y	S	O	C	E	V	N	N
E	I	B	Z	S	N	A	C	K	O	L	Z	L	I	E
U	U	N	E	B	E	W	L	I	R	D	Z	E	N	M
Z	V	Y	U	Q	L	M	K	S	W	M	O	U	O	E
B	I	J	E	N	K	O	R	F	X	E	N	G	H	O
Z	H	O	V	O	E	D	S	E	L	R	O	E	X	L
Q	S	T	U	I	F	M	E	E	L	D	Z	L	A	B
V	O	O	R	D	E	L	I	G	U	T	F	S	L	R

VLEUGELS
BIJENKORF
VOORDELIG
WAS
VOEDSEL
ECOSYSTEEM
BLOEMEN
BLOESEM
FRUIT
ROOK
TUIN
HABITAT
INSECT
HONING
PLANTEN
STUIFMEEL
KONINGIN
ZWERM
ZON

55 - Conservazione

D	Z	S	M	R	D	P	H	L	U	F	I	D	Z	R
V	U	A	X	N	V	T	A	A	M	I	L	K	O	E
C	E	U	P	S	S	D	B	D	J	W	I	N	R	C
Y	I	R	R	W	M	Z	I	D	L	K	R	E	G	Y
J	L	S	M	Z	L	Y	T	I	O	Y	M	G	M	C
G	I	E	W	I	A	A	A	L	W	D	E	N	L	L
Q	M	U	N	X	N	A	T	L	G	A	E	I	Y	E
C	T	J	I	B	J	D	M	A	J	V	T	R	E	R
Y	I	S	J	I	W	R	E	D	N	O	S	E	K	E
N	W	M	Y	L	L	M	Y	R	M	A	Y	D	R	N
O	R	G	A	N	I	S	C	H	E	W	S	N	F	E
G	E	Z	O	N	D	H	E	I	D	N	O	A	I	O
N	A	T	U	U	R	L	I	J	K	H	C	R	E	R
N	P	E	S	T	I	C	I	D	E	T	E	E	T	G
V	E	R	V	U	I	L	I	N	G	P	I	V	S	T

WATER
MILIEU
VERANDERINGEN
FIETS
KLIMAAT
ECOSYSTEEM
ONDERWIJS
HABITAT
VERVUILING
NATUURLIJK
ORGANISCH
PESTICIDE
ZORG
RECYCLEREN
VERMINDEREN
GEZONDHEID
DUURZAAM
GROEN

56 - Strumenti Musicali

T	S	A	X	O	F	O	O	N	T	X	G	P	B	M
V	A	B	H	M	F	H	O	V	R	P	I	E	A	O
C	T	M	B	Y	T	E	P	M	O	R	T	R	N	N
E	P	I	B	R	G	K	H	K	M	H	A	C	J	D
Q	U	R	G	O	X	E	G	M	M	A	A	U	O	H
B	L	A	S	S	E	E	N	Y	E	R	R	S	R	A
R	S	M	Q	Q	R	R	E	Z	L	P	U	S	K	R
T	U	F	S	O	H	T	I	H	Z	P	F	I	S	M
E	R	K	L	I	K	G	S	J	G	I	H	E	C	O
N	E	O	V	U	E	D	F	C	N	A	O	J	D	N
I	Z	A	M	Q	I	F	A	E	O	N	B	Q	F	I
R	L	K	T	B	A	T	G	L	G	O	O	I	A	C
A	P	E	O	Y	O	F	O	L	V	I	O	O	L	A
L	R	V	U	W	L	N	T	O	I	J	I	J	Q	Y
K	W	E	A	R	X	W	E	F	S	U	O	I	O	K

MONDHARMONICA
HARP
BANJO
GITAAR
KLARINET
FAGOT
FLUIT
GONG
MARIMBA
HOBO
PERCUSSIE
PIANO
SAXOFOON
TAMBOERIJN
TROMMEL
TROMPET
TROMBONE
VIOOL
CELLO

57 - Professioni #2

S	P	Z	I	T	O	O	L	I	P	V	Q	N	F	I
M	W	O	N	C	A	F	I	L	O	S	O	O	F	L
H	K	Ö	G	Y	Y	N	A	F	V	B	Z	B	L	L
P	E	L	E	C	X	A	D	A	K	O	U	I	I	U
R	V	O	N	H	J	M	X	A	T	E	O	B	N	S
E	I	O	I	I	L	N	E	R	R	R	D	V	G	T
S	T	G	E	R	X	I	A	G	T	T	V	L	U	R
E	C	E	U	U	W	U	T	O	K	U	S	E	Ï	A
R	E	H	R	R	D	T	O	T	K	L	R	R	S	T
P	T	F	I	G	O	O	L	O	I	B	D	A	T	O
L	E	G	M	L	B	X	R	F	C	P	I	A	F	R
D	D	B	M	U	D	U	Q	Q	T	U	E	R	T	A
E	V	B	N	Q	R	E	D	N	I	V	T	I	U	R
M	R	E	K	E	O	Z	R	E	D	N	O	M	F	T
J	O	U	R	N	A	L	I	S	T	C	T	Z	J	S

BOER
BIOLOOG
CHIRURG
TANDARTS
DETECTIVE
FILOSOOF
FOTOGRAAF
TUINMAN
JOURNALIST
ILLUSTRATOR
INGENIEUR
LERAAR
UITVINDER
LINGUÏST
ARTS
PILOOT
SCHILDER
ONDERZOEKER
ZOÖLOOG

58 - Letteratura

D	I	A	L	O	O	G	K	J	Q	F	G	D	P	P
T	R	A	G	E	D	I	E	Y	M	N	N	V	A	O
P	Y	A	S	U	M	I	I	T	H	C	I	D	E	G
R	O	O	F	A	T	E	M	N	J	P	N	O	I	E
A	A	Ë	E	Y	T	K	S	B	I	R	E	M	G	N
N	E	M	T	I	R	U	E	T	U	A	M	S	O	R
A	T	K	O	I	S	B	Q	V	I	Y	Y	C	L	E
L	H	T	D	W	S	T	A	M	P	J	V	H	A	I
Y	L	W	K	M	Q	C	D	N	S	F	L	R	N	F
S	V	B	E	B	X	Y	H	B	C	Y	J	I	A	A
E	X	P	N	X	H	R	O	M	A	N	K	J	M	R
Y	Z	O	A	F	F	A	R	P	J	J	C	V	E	G
C	O	N	C	L	U	S	I	E	O	I	U	I	H	O
B	D	I	I	Z	O	O	W	M	S	U	R	N	T	I
V	E	R	G	E	L	I	J	K	I	N	G	G	X	B

ANALYSE
ANALOGIE
ANEKDOTE
AUTEUR
BIOGRAFIE
CONCLUSIE
VERGELIJKING
OMSCHRIJVING
DIALOOG
GENRE

METAFOOR
MENING
GEDICHT
POËTISCH
RIJM
RITME
ROMAN
STIJL
THEMA
TRAGEDIE

59 - Cibo #2

K	B	Y	C	K	S	L	Q	W	X	P	F	K	R	X
T	R	O	H	A	E	E	Y	C	X	R	A	B	Z	I
A	O	G	O	A	R	O	L	U	K	A	H	L	N	Z
R	O	H	C	S	Z	T	T	D	A	Q	K	E	R	S
W	D	U	O	E	P	S	Q	A	E	E	I	P	I	K
E	Q	R	L	B	D	E	C	R	V	R	O	P	N	I
N	U	T	A	J	E	D	P	W	I	V	I	A	K	C
I	U	J	D	G	S	D	M	Z	S	E	D	J	T	R
G	T	B	E	U	E	A	R	I	J	S	T	N	O	K
R	U	Y	Y	A	X	P	Y	B	H	N	D	H	M	I
E	X	S	S	E	K	C	F	T	A	U	Z	Q	A	W
B	R	O	C	C	O	L	I	M	H	N	N	U	A	I
U	B	W	I	E	A	O	U	K	A	K	A	U	T	X
A	P	C	P	B	W	E	R	P	M	S	M	A	K	I
G	U	M	Q	K	M	A	D	U	F	K	T	P	N	V

BANAAN
BROCCOLI
KERS
CHOCOLADE
KAAS
PADDESTOEL
TARWE
KIWI
APPEL
AUBERGINE
BROOD
VIS
KIP
TOMAAT
HAM
RIJST
SELDERIJ
EI
DRUIF
YOGHURT

60 - Nutrizione

D	K	J	K	Y	G	J	L	V	V	J	N	K	G	V
R	A	A	B	T	E	E	H	O	L	L	X	O	E	I
N	A	Y	F	S	Z	H	H	E	O	D	E	O	W	T
Q	M	O	M	P	O	Z	G	D	E	I	I	L	I	A
S	S	R	F	E	N	V	I	I	I	E	I	H	C	M
N	A	E	X	C	D	C	T	N	S	E	D	Y	H	I
D	Q	U	E	E	H	A	H	G	T	T	T	D	T	N
O	N	K	S	R	E	L	C	S	O	S	I	R	A	E
D	D	O	B	I	I	O	I	S	F	U	E	A	I	T
N	Q	I	Z	J	D	R	W	T	F	L	T	T	L	O
G	P	N	N	E	G	I	N	O	E	T	I	E	O	X
N	M	U	P	N	G	E	E	F	N	E	L	N	U	I
B	I	T	T	E	R	Ë	V	K	R	E	A	B	B	N
W	L	K	G	B	X	N	E	T	T	I	W	I	E	E
F	E	R	M	E	N	T	A	T	I	E	K	O	W	U

BITTER
EETLUST
EVENWICHTIG
CALORIEËN
KOOLHYDRATEN
EETBAAR
DIEET
FERMENTATIE
SMAAK
VLOEISTOFFEN
VOEDINGSSTOF
GEWICHT
EIWITTEN
KWALITEIT
SAUS
GEZONDHEID
GEZOND
SPECERIJEN
TOXINE
VITAMINE

61 - Matematica

G	E	O	M	E	T	R	I	E	I	G	Z	X	O	R
E	G	S	T	R	A	A	L	D	G	H	L	P	Q	T
X	N	E	K	E	O	H	D	R	I	E	H	O	E	K
P	I	R	E	K	E	N	K	U	N	D	I	G	N	C
O	K	E	O	H	T	H	C	E	R	U	N	J	U	G
N	J	E	O	S	V	I	E	R	K	A	N	T	L	D
E	I	U	O	G	Y	V	O	L	U	M	E	A	W	I
N	L	J	P	H	D	M	A	T	O	S	F	N	N	A
T	E	L	S	P	L	I	M	I	U	K	P	C	K	M
N	G	D	A	I	C	E	V	E	N	B	P	S	E	E
S	R	D	Z	K	Y	Y	E	I	T	C	A	R	F	T
D	E	C	I	M	A	A	L	V	S	R	G	E	G	E
N	V	X	W	O	V	O	A	B	V	I	I	C	O	R
Q	R	P	G	S	O	M	T	R	E	K	E	E	H	E
P	A	R	A	L	L	E	L	D	W	L	M	G	O	R

HOEKEN
REKENKUNDIG
DECIMAAL
DIAMETER
DIVISIE
VERGELIJKING
EXPONENT
FRACTIE
GEOMETRIE
PARALLEL
OMTREK
VEELHOEK
VIERKANT
STRAAL
RECHTHOEK
SYMMETRIE
SOM
DRIEHOEK
VOLUME

62 - Meditazione

B	B	Z	D	I	E	H	R	E	D	L	E	H	N	B
U	Q	T	E	I	T	A	V	R	E	S	B	O	A	E
H	O	A	F	P	L	M	Q	U	I	X	K	U	T	W
A	A	N	V	A	A	R	D	I	N	G	Z	D	U	E
D	A	N	K	B	A	A	R	H	E	I	D	I	U	G
A	G	E	E	S	T	O	L	I	M	D	N	N	R	I
M	A	M	Y	I	C	H	J	L	E	J	E	G	J	N
U	G	N	I	L	A	H	M	E	D	A	T	R	I	G
Z	C	Q	D	C	I	G	L	E	E	S	H	Q	V	C
I	D	X	Y	A	D	X	A	M	D	T	C	Y	I	Y
E	L	O	J	L	C	N	K	O	O	I	A	U	N	E
K	M	V	X	S	Y	H	G	T	G	L	D	O	A	K
M	E	N	T	A	A	L	T	I	E	T	E	A	V	G
G	E	L	U	K	P	X	G	E	N	E	G	D	Q	E
R	F	E	I	T	C	E	P	S	R	E	P	W	U	G

AANVAARDING
AANDACHT
KALM
HELDERHEID
MEDEDOGEN
EMOTIES
GELUK
DANKBAARHEID
MENTAAL
GEEST
BEWEGING
MUZIEK
NATUUR
OBSERVATIE
VREDE
GEDACHTEN
HOUDING
PERSPECTIEF
ADEMHALING
STILTE

63 - Elettricità

E	L	E	K	T	R	I	S	C	H	X	Y	Z	S	X
Y	R	Y	P	C	U	Y	F	Y	U	V	P	I	T	N
H	V	F	V	S	I	N	E	T	C	E	J	B	O	E
D	R	A	D	E	N	E	I	D	C	B	N	A	P	T
F	L	M	J	I	B	I	T	S	A	K	K	P	C	W
E	W	A	Z	T	G	C	A	I	Z	W	D	P	O	E
I	J	V	M	F	B	I	G	V	C	J	J	A	N	R
T	Q	O	C	P	O	R	E	S	A	L	C	R	T	K
I	E	Q	J	U	N	T	N	H	H	O	I	A	A	E
S	H	L	E	B	A	K	W	F	H	I	A	T	C	C
O	D	I	E	H	L	E	E	V	E	O	H	U	T	W
P	A	L	B	F	M	L	R	R	P	T	M	U	P	D
Q	V	J	D	G	O	E	V	J	C	N	V	R	O	R
O	P	S	L	A	G	O	C	N	G	U	C	L	U	X
M	A	G	N	E	E	T	N	W	U	K	O	B	K	J

APPARATUUR
ACCU
KABEL
OPSLAG
ELEKTRICIEN
ELEKTRISCH
DRADEN
LAMP
LASER

MAGNEET
NEGATIEF
OBJECTEN
POSITIEF
STOPCONTACT
HOEVEELHEID
NETWERK
TELEFOON

64 - Antiquariato

N	O	O	W	E	G	N	O	Y	C	S	I	K	Q	M
F	S	L	Q	R	L	O	C	C	C	T	N	W	O	E
T	K	E	E	U	W	E	U	P	B	I	V	A	T	U
O	E	Q	M	T	W	D	G	D	N	J	E	L	X	B
N	I	W	A	T	R	T	R	A	E	L	S	I	F	I
M	T	S	D	D	S	L	B	C	N	F	T	T	M	L
F	N	V	E	I	L	I	N	G	N	T	E	E	W	A
V	E	R	Z	A	M	E	L	A	A	R	R	I	A	I
I	H	K	U	N	S	T	S	E	W	C	I	T	A	R
O	T	S	A	Q	P	I	R	L	A	N	N	J	R	L
M	U	N	T	E	N	R	Z	A	X	O	G	F	D	F
J	A	W	X	S	F	E	I	T	A	R	O	C	E	D
I	P	Z	C	X	K	S	D	J	I	R	E	L	A	G
M	E	I	T	A	R	U	A	T	S	E	R	E	J	P
M	B	F	E	Z	V	O	O	R	W	A	A	R	D	E

KUNST
VEILING
AUTHENTIEK
VERZAMELAAR
VOORWAARDE
DECORATIEF
ELEGANT
GALERIJ
ONGEWOON
INVESTERING
MEUBILAIR
MUNTEN
PRIJS
KWALITEIT
RESTAURATIE
EEUW
STIJL
WAARDE
OUD

65 - Escursionismo

X	K	L	A	A	R	Z	E	N	H	K	G	Z	O	I
I	A	P	K	L	I	F	N	O	Z	O	N	W	R	G
L	M	L	A	H	Y	T	X	X	M	A	I	A	I	E
M	P	X	S	R	S	T	E	N	E	N	D	A	Ë	V
L	E	T	O	P	K	T	K	E	B	L	I	R	N	A
T	R	A	A	K	Q	E	G	R	R	D	E	E	T	R
A	E	H	K	A	E	E	N	E	N	S	R	T	A	E
A	N	P	F	J	W	N	O	I	Z	I	E	A	T	N
M	P	E	W	A	E	L	B	D	W	F	B	W	I	P
I	V	A	S	B	T	A	P	H	L	W	R	G	E	Y
L	N	G	K	D	O	O	N	G	E	H	O	E	I	Q
K	K	T	I	Z	I	Q	N	W	T	W	O	N	U	C
W	I	L	D	E	Q	G	R	E	B	B	V	M	D	M
I	O	C	X	W	U	H	P	S	E	F	D	P	I	A
N	A	T	U	U	R	C	V	Q	Y	B	D	K	A	D

WATER
DIEREN
KAMPEREN
KLIMAAT
GIDSEN
KAART
BERG
NATUUR
ORIËNTATIE
PARKEN
GEVAREN
ZWAAR
STENEN
VOORBEREIDING
KLIF
WILD
ZON
MOE
LAARZEN
TOP

66 - Professioni #1

S	C	R	E	N	I	A	R	T	G	V	R	R	K	M
B	U	T	H	D	Y	V	I	I	E	M	U	S	S	U
P	C	S	M	Y	I	L	J	B	O	R	E	T	Y	Z
F	Q	I	D	A	M	T	K	Q	L	E	D	R	R	I
B	A	N	K	I	E	R	O	B	O	P	A	A	P	K
T	A	A	C	O	V	D	A	R	O	P	S	N	S	A
R	U	I	R	E	G	A	J	Y	G	A	S	E	Y	N
S	J	P	Q	G	C	Z	M	B	P	H	A	R	C	T
U	M	O	O	N	O	R	T	S	A	C	B	E	H	S
N	R	E	K	E	H	T	O	P	A	S	M	I	O	E
J	U	W	E	L	I	E	R	E	S	N	A	D	L	I
S	M	D	M	U	Q	R	F	A	H	E	A	G	O	T
Q	O	T	O	R	Q	E	W	T	C	T	H	F	O	R
R	E	T	S	G	E	E	L	P	R	E	V	B	G	A
L	O	O	D	G	I	E	T	E	R	W	E	U	W	R

TRAINER
AMBASSADEUR
ARTIEST
ASTRONOOM
ADVOCAAT
DANSER
BANKIER
JAGER
CARTOGRAAF
EDITOR
APOTHEKER
GEOLOOG
JUWELIER
LOODGIETER
VERPLEEGSTER
MUZIKANT
PIANIST
PSYCHOLOOG
WETENSCHAPPER
DIERENARTS

67 - Antartide

G	Q	C	B	E	I	T	I	D	E	P	X	E	E	B
U	R	S	J	F	J	E	V	A	N	I	S	U	I	E
M	O	V	R	J	S	S	S	G	A	P	I	F	L	H
I	T	N	E	N	I	T	N	O	C	B	L	T	A	O
N	S	E	K	V	K	A	E	U	J	L	M	Z	N	U
E	A	K	E	S	G	N	I	V	E	G	M	O	D	D
R	C	L	O	R	U	U	T	A	R	E	P	M	E	T
A	H	O	Z	E	E	K	A	B	B	I	L	Z	N	O
L	T	W	R	J	B	M	R	U	Y	T	L	Q	L	M
E	I	Y	E	S	J	O	O	B	Y	A	U	R	W	W
N	G	R	D	T	X	K	L	B	D	R	C	C	S	Z
D	X	P	N	E	M	U	P	I	U	G	Y	I	A	N
Y	A	I	O	L	S	Q	X	I	X	I	I	E	N	V
F	H	O	C	G	U	L	E	E	X	M	K	O	R	W
G	E	O	G	R	A	F	I	E	W	A	T	E	R	B

WATER
OMGEVING
BAAI
BEHOUD
CONTINENT
EXPLORATIE
GEOGRAFIE
GLETSJERS
IJS
EILANDEN
MIGRATIE
MINERALEN
WOLKEN
ONDERZOEKER
ROTSACHTIG
EXPEDITIE
TEMPERATUUR

68 - Libri

L	X	Z	G	U	L	G	R	S	R	T	P	K	V	Z
E	C	E	I	P	K	E	O	E	I	T	O	N	B	L
D	L	P	W	L	W	S	M	R	H	V	Ë	I	T	U
T	X	E	T	N	O	C	A	I	C	A	Z	N	V	J
H	H	I	Z	X	Q	H	N	E	S	Z	I	V	N	B
Z	R	P	R	I	A	R	E	T	I	L	E	E	F	T
N	G	T	N	A	V	E	L	E	R	R	L	N	P	T
R	U	U	T	N	O	V	A	Y	O	E	K	T	Q	R
A	B	E	K	X	A	E	L	Y	T	I	Z	I	B	A
F	U	A	K	W	O	N	H	C	S	I	P	E	V	G
E	I	T	C	E	L	L	O	C	I	N	V	F	L	I
I	D	C	E	E	O	L	A	A	H	R	E	V	M	S
A	X	D	P	U	B	L	A	D	Z	I	J	D	E	C
G	U	T	O	M	R	E	L	L	E	T	R	E	V	H
D	U	A	L	I	T	E	I	T	D	H	A	Y	G	Q

AUTEUR
AVONTUUR
COLLECTIE
CONTEXT
DUALITEIT
EPISCH
INVENTIEF
LITERAIR
LEZER
VERTELLER
BLADZIJDE
POËZIE
RELEVANT
ROMAN
GESCHREVEN
SERIE
VERHAAL
HISTORISCH
TRAGISCH

69 - Geografia

H	F	C	B	R	E	E	D	T	E	G	R	A	A	D
J	O	L	T	S	R	R	U	O	Y	S	G	K	P	G
N	V	O	N	A	A	I	D	I	R	E	M	E	B	R
L	B	Z	G	L	W	P	K	L	K	C	V	K	V	O
J	A	E	T	T	N	E	N	I	T	N	O	C	Z	N
Y	L	N	R	A	E	L	E	X	E	L	X	P	E	D
U	M	W	D	G	D	A	T	S	V	W	Y	O	E	G
N	P	Y	N	V	I	O	S	R	T	D	U	B	S	E
N	D	S	Y	T	U	V	E	X	R	E	G	I	O	B
G	E	A	Y	X	Z	P	W	I	A	W	K	Y	U	I
G	I	R	I	V	I	E	R	A	A	V	D	W	G	E
O	L	W	E	R	E	L	D	F	K	P	W	L	N	D
S	A	H	A	L	F	R	O	N	D	I	X	H	L	E
N	N	J	F	V	S	E	N	O	O	R	D	E	N	I
Y	D	W	L	E	N	G	T	E	G	R	A	A	D	B

HOOGTE
ATLAS
STAD
CONTINENT
HALFROND
RIVIER
EILAND
BREEDTEGRAAD
LENGTEGRAAD
KAART
ZEE
MERIDIAAN
WERELD
BERG
NOORDEN
WESTEN
LAND
REGIO
ZUIDEN
GRONDGEBIED

70 - Cibo #1

Z	S	P	I	E	B	D	R	A	A	M	U	J	G	X
Y	E	A	U	I	I	R	E	K	I	U	S	R	V	K
F	V	S	L	Z	I	X	E	H	F	N	V	X	D	A
W	X	C	K	A	B	T	P	S	L	T	W	F	B	N
K	B	Z	C	N	D	J	X	C	L	W	O	R	B	E
C	A	K	E	I	O	E	A	M	A	O	P	F	M	E
H	F	W	Q	P	Y	F	T	T	S	R	E	G	E	L
A	N	N	W	S	E	E	L	V	F	T	J	M	L	O
A	M	J	I	N	U	T	U	O	X	E	I	P	K	Q
B	A	S	I	L	I	C	U	M	O	L	N	V	H	S
C	W	O	C	N	T	M	T	F	Q	K	F	D	V	B
H	M	X	V	J	O	C	I	T	R	O	E	N	R	X
O	C	P	G	G	X	T	U	O	Z	L	Z	R	A	H
W	S	U	L	H	P	A	V	U	V	N	X	H	A	I
G	V	Y	M	H	F	N	F	L	E	F	H	W	P	V

KNOFLOOK
BASILICUM
KANEEL
VLEES
WORTEL
UI
AARDBEI
SALADE
MELK
CITROEN
MUNT
GERST
PEER
RAAP
ZOUT
SPINAZIE
SAP
TONIJN
CAKE
SUIKER

71 - Aeroplani

A	I	P	C	N	R	E	E	F	S	O	M	T	A	S
N	F	C	V	S	Y	X	E	W	I	T	H	C	U	L
A	W	D	G	T	M	O	F	B	N	X	X	G	R	A
V	A	H	A	Z	R	D	P	R	E	W	T	N	O	N
I	T	E	E	L	L	N	J	A	D	U	O	I	X	D
G	E	M	H	B	I	E	O	N	E	O	O	N	I	E
E	R	E	O	R	C	N	Q	D	I	B	L	N	D	N
R	S	L	O	U	A	N	G	S	H	Z	I	A	X	M
E	T	T	G	N	I	W	K	T	C	C	P	M	U	F
N	O	N	T	B	J	P	S	O	S	J	F	E	Z	J
I	F	M	E	E	I	U	K	F	E	C	N	B	D	T
P	A	S	S	A	G	I	E	R	G	W	X	F	S	C
B	A	L	L	O	N	N	R	I	C	H	T	I	N	G
S	K	I	C	Z	I	M	O	T	O	R	U	K	L	J
A	V	O	N	T	U	U	R	E	R	C	D	E	U	Z

HOOGTE
LUCHT
ATMOSFEER
LANDEN
AVONTUUR
BRANDSTOF
HEMEL
BOUW
ONTWERP
RICHTING
AFDALING
BEMANNING
WATERSTOF
MOTOR
NAVIGEREN
BALLON
PASSAGIER
PILOOT
GESCHIEDENIS

72 - Governo

S	T	A	A	T	D	I	S	C	U	S	S	I	E	N
C	X	G	N	E	T	H	C	E	R	V	O	Z	I	A
Z	F	M	E	A	Z	C	I	V	I	E	L	N	T	T
J	H	P	A	R	T	D	Q	J	R	Q	D	K	A	I
M	W	A	O	O	E	I	A	O	Y	S	C	J	R	E
T	S	H	S	L	D	C	O	G	V	R	V	I	C	U
O	M	C	A	O	I	S	H	N	H	H	E	L	O	W
E	O	S	C	O	E	T	J	T	A	D	Q	E	M	C
S	N	R	Q	B	H	W	I	R	I	A	U	T	E	W
P	U	E	T	M	J	O	C	E	H	G	L	H	D	B
R	M	G	P	Y	I	F	N	D	K	Y	H	C	H	W
A	E	R	M	S	R	J	M	I	J	W	K	E	E	B
A	N	U	P	M	V	D	B	E	I	P	Z	R	I	J
K	T	B	J	E	Q	V	C	L	W	L	Y	E	J	D
G	R	O	N	D	W	E	T	R	B	Z	S	G	O	Y

LEIDER
BURGERSCHAP
CIVIEL
GRONDWET
DEMOCRATIE
RECHTEN
TOESPRAAK
DISCUSSIE
GERECHTELIJK
GERECHTIGHEID
WET
VRIJHEID
MONUMENT
NATIONAAL
NATIE
POLITIEK
WIJK
SYMBOOL
STAAT

73 - Bellezza

U	S	I	Z	T	S	I	L	I	T	S	E	Y	N	W
K	K	G	Z	W	P	E	G	T	P	M	R	S	C	O
E	K	R	A	C	I	T	E	M	S	O	C	F	A	D
I	L	U	B	G	E	M	R	G	E	N	A	D	E	E
N	H	E	Z	Y	G	W	A	Q	U	O	W	L	M	G
E	M	L	G	C	E	Y	A	S	G	J	Z	I	R	W
G	D	K	D	A	L	G	H	Q	C	R	F	Y	A	N
O	I	I	Z	R	N	W	C	Y	H	A	W	T	H	E
T	P	J	E	M	V	T	S	K	R	O	R	T	C	T
O	J	D	Y	N	P	O	I	O	C	H	V	A	C	C
F	B	X	Y	Ë	S	W	H	E	E	N	G	U	A	U
N	E	R	J	I	E	T	H	U	I	D	A	S	K	D
K	R	U	L	L	E	N	E	S	H	A	M	P	O	O
D	W	E	U	O	R	N	T	N	A	G	E	L	E	R
V	C	G	L	I	P	P	E	N	S	T	I	F	T	P

KLEUR
COSMETICA
ELEGANT
ELEGANTIE
CHARME
SCHAAR
FOTOGENIEK
GEUR
GENADE
GLAD
MASCARA
OLIËN
HUID
PRODUCTEN
KRULLEN
LIPPENSTIFT
DIENSTEN
SHAMPOO
SPIEGEL
STILIST

74 - Avventura

V	O	O	R	B	E	R	E	I	D	I	N	G	V	O
V	E	I	L	I	G	H	E	I	D	C	C	S	R	N
P	Z	S	K	N	W	V	R	E	U	G	D	E	I	G
G	R	H	M	P	Q	Y	Q	U	H	Z	X	L	E	E
K	I	N	O	R	Q	X	B	J	U	K	Q	K	N	W
J	M	E	E	H	U	F	L	N	W	T	L	S	D	O
I	Z	G	D	L	W	Z	A	B	S	N	A	K	E	O
L	G	N	I	M	M	E	T	S	E	B	E	N	N	N
R	E	I	S	P	L	A	N	Y	Y	R	Q	X	D	T
A	O	G	E	N	T	H	O	U	S	I	A	S	M	E
A	N	A	M	O	E	I	L	I	J	K	H	E	I	D
V	K	D	E	X	C	U	R	S	I	E	U	T	L	Y
E	T	T	I	E	T	I	V	I	T	C	A	M	K	V
G	E	I	T	A	G	I	V	A	N	H	T	L	L	O
S	W	U	E	I	N	V	R	E	I	Z	E	N	P	Y

VRIENDEN
ACTIVITEIT
KANS
MOED
BESTEMMING
MOEILIJKHEID
ENTHOUSIASME
EXCURSIE
VREUGDE
ONGEWOON
REISPLAN
NATUUR
NAVIGATIE
NIEUW
GEVAARLIJK
VOORBEREIDING
UITDAGINGEN
VEILIGHEID
REIZEN

75 - Forme

V	J	D	E	V	I	E	R	K	A	N	T	R	T	E
Z	W	S	D	O	I	D	V	X	H	M	N	E	G	Q
P	O	K	M	L	Z	I	F	H	L	F	A	C	U	B
A	R	K	T	S	W	M	X	Q	O	M	K	H	P	C
I	C	I	R	W	I	A	Q	C	O	E	R	T	O	O
O	O	Z	S	B	Q	R	S	U	B	U	K	H	F	V
Q	V	L	G	M	D	I	X	R	R	O	E	O	B	A
N	N	J	Z	D	A	P	H	V	E	X	O	E	O	A
C	I	L	I	N	D	E	R	E	P	Y	H	K	O	L
V	V	O	L	V	J	E	H	R	Y	X	L	M	G	E
H	I	B	O	H	I	I	V	O	H	A	E	G	G	G
C	I	R	K	E	L	K	L	N	M	G	E	S	M	E
N	J	N	N	W	L	G	Y	D	L	D	V	N	J	K
H	H	E	M	W	P	C	N	E	D	N	A	R	Z	V
D	R	I	E	H	O	E	K	B	Z	B	S	E	R	E

HOEK
BOOG
RANDEN
CIRKEL
CILINDER
KEGEL
KUBUS
CURVE
HYPERBOOL
KANT
LIJN
OVAAL
PIRAMIDE
VEELHOEK
PRISMA
VIERKANT
RECHTHOEK
RONDE
BOL
DRIEHOEK

76 - Oceano

K	O	R	A	A	L	V	X	S	U	P	O	T	C	O
Z	O	U	T	R	A	I	R	C	X	L	D	A	A	C
K	O	H	H	Q	I	S	U	H	D	A	G	T	Z	S
S	S	S	W	E	Z	A	Y	I	A	A	H	A	K	H
H	N	J	I	N	O	T	C	L	X	E	S	D	D	I
B	O	O	T	W	W	N	E	D	J	I	T	E	G	L
X	P	K	W	A	L	E	O	P	U	G	Y	B	Y	K
L	S	M	B	U	C	V	B	A	R	K	J	H	J	V
G	A	R	N	A	A	L	D	D	B	O	A	I	A	Q
E	A	O	N	A	X	O	V	O	Q	D	H	R	I	Y
G	Z	T	C	L	X	G	G	Q	L	J	L	A	W	Q
V	W	S	W	P	C	H	U	L	L	F	X	H	U	V
R	E	T	S	E	O	A	Z	H	U	K	I	T	Q	R
S	I	V	L	A	W	X	A	Z	Z	Y	I	J	F	U
B	I	F	K	R	V	K	N	L	Z	E	B	O	N	B

AAL
WALVIS
BOOT
KORAAL
DOLFIJN
GARNAAL
KRAB
GETIJDEN
KWAL
GOLVEN
OESTER
VIS
OCTOPUS
ZOUT
RIF
SPONS
HAAI
SCHILDPAD
STORM
TONIJN

77 - Creatività

V	I	P	E	I	T	Ï	U	T	N	I	V	G	V	I
I	A	N	R	M	O	E	S	Y	Q	H	E	E	L	N
D	H	A	V	J	O	I	Z	H	E	C	R	V	O	T
E	D	A	R	E	Y	T	Y	P	Y	S	B	O	E	E
E	I	T	L	D	N	C	I	W	C	I	E	E	I	N
Ë	E	N	Y	V	I	T	X	E	U	T	E	L	B	S
N	H	O	Y	Y	Q	G	I	M	S	A	L	T	A	I
X	T	P	C	S	Q	K	H	E	W	M	D	A	A	T
O	H	S	V	U	Y	W	C	E	F	A	I	A	R	E
A	C	M	I	K	U	R	D	N	I	R	N	S	H	I
H	E	L	D	E	R	H	E	I	D	D	G	L	E	T
U	I	T	D	R	U	K	K	I	N	G	T	V	I	T
V	I	S	I	O	E	N	E	N	O	E	N	N	D	V
A	R	T	I	S	T	I	E	K	B	E	E	L	D	W
D	O	I	N	S	P	I	R	A	T	I	E	A	Q	E

VAARDIGHEID
ARTISTIEK
ECHTHEID
HELDERHEID
DRAMATISCH
EMOTIES
UITDRUKKING
VLOEIBAARHEID
IDEEËN
VERBEELDING
BEELD
INDRUK
INTENSITEIT
INTUÏTIE
INVENTIEF
INSPIRATIE
GEVOEL
SPONTAAN
VISIOENEN

78 - Veicoli

V	R	A	C	H	T	A	U	T	O	C	Z	E	U	I
G	I	U	T	G	E	I	L	V	V	L	O	T	J	O
O	J	R	R	M	O	T	O	R	N	F	M	H	A	Q
U	A	B	E	L	S	S	E	Q	Y	N	E	D	B	C
N	M	K	I	A	U	T	O	K	W	E	T	O	O	B
H	B	H	N	F	G	N	L	I	A	X	R	Y	U	U
T	U	J	V	S	I	Y	O	A	O	R	O	K	N	X
A	L	C	E	S	R	E	T	P	O	K	I	L	E	H
X	A	A	E	S	U	B	T	W	T	S	N	T	D	D
I	N	R	R	C	S	V	H	S	R	O	K	T	N	R
N	C	A	B	O	X	S	Z	Y	A	K	T	R	A	Z
J	E	V	O	O	D	X	Z	W	C	B	Q	U	B	D
J	J	A	O	T	H	U	Q	O	T	T	N	C	F	H
O	K	N	T	E	L	G	P	N	O	G	R	F	I	B
V	S	O	Q	R	Ë	E	E	Z	R	E	D	N	O	A

VLIEGTUIG
AMBULANCE
AUTO
BUS
BOOT
FIETS
VRACHTAUTO
CARAVAN
HELIKOPTER
METRO
MOTOR
BANDEN
RAKET
SCOOTER
ONDERZEEËR
TAXI
VEERBOOT
TRACTOR
TREIN
VLOT

79 - Natura

U	W	I	L	D	H	E	I	L	I	G	D	O	M	P
K	X	C	P	H	V	P	T	X	N	E	G	R	E	B
S	C	H	O	O	N	H	E	I	D	E	N	S	L	I
Q	O	L	G	X	H	K	A	N	L	Y	E	Z	E	J
B	M	I	S	T	B	Q	O	E	I	S	O	R	E	E
Z	O	M	F	U	F	T	H	K	P	M	L	G	E	N
D	V	S	S	C	H	U	I	L	P	L	A	A	T	S
D	Y	V	T	Y	F	S	L	O	W	P	C	T	R	A
I	R	N	I	U	Y	L	Q	W	U	O	P	R	E	R
E	I	V	A	W	O	E	S	T	I	J	N	O	D	C
R	V	I	T	M	F	Y	H	H	B	F	I	P	A	T
E	I	T	U	W	I	D	H	P	P	X	R	I	L	I
N	E	A	R	E	J	S	T	E	L	G	M	S	B	S
T	R	A	X	W	C	M	C	G	O	O	G	C	E	C
W	G	L	Y	T	Z	N	F	H	Q	V	J	H	G	H

DIEREN
BIJEN
ARCTISCH
SCHOONHEID
WOESTIJN
DYNAMISCH
EROSIE
RIVIER
GEBLADERTE
BOS
GLETSJER
BERGEN
MIST
WOLKEN
SCHUILPLAATS
HEILIGDOM
WILD
SEREEN
TROPISCH
VITAAL

80 - Balletto

V	P	S	T	I	J	L	O	W	V	D	E	U	M	S
I	U	V	O	N	K	C	P	E	P	N	B	M	U	L
N	B	W	Q	Z	N	J	O	Y	G	D	S	K	Z	J
T	L	G	E	B	A	A	R	M	B	T	R	E	I	I
E	I	T	S	O	R	K	O	S	P	Y	E	I	E	H
N	E	B	U	B	C	S	R	P	D	O	S	T	K	E
S	K	R	A	M	L	N	E	I	L	P	N	S	W	I
I	J	I	L	L	W	D	A	E	D	N	A	I	P	T
T	I	T	P	K	L	X	M	R	X	O	D	T	S	I
E	L	M	P	Y	T	E	I	E	T	S	M	R	S	T
I	R	E	A	X	S	Q	R	N	L	D	Q	A	F	E
T	E	S	D	I	E	H	G	I	D	R	A	A	V	P
E	I	L	P	I	K	I	H	R	N	Z	H	U	P	E
G	S	C	V	X	R	Y	B	X	V	A	H	N	L	R
C	H	O	R	E	O	G	R	A	F	I	E	K	B	U

VAARDIGHEID
APPLAUS
ARTISTIEK
BALLERINA
DANSERS
COMPONIST
CHOREOGRAFIE
GEBAAR
SIERLIJK
INTENSITEIT
SPIEREN
MUZIEK
ORKEST
REPETITIE
PUBLIEK
RITME
STIJL

81 - Paesi #1

V	Y	Q	P	B	I	E	A	E	K	O	V	E	R	V
I	J	R	M	X	J	B	S	P	N	E	L	O	P	E
E	O	N	Z	A	P	A	P	E	A	J	K	A	I	N
T	Q	Y	L	I	L	X	F	O	J	N	M	R	O	E
N	R	Q	Z	D	A	I	T	K	D	A	A	K	O	Z
A	N	Z	Y	N	G	A	E	K	O	P	P	M	Q	U
M	F	L	M	I	E	H	B	O	B	S	B	A	A	E
L	P	T	Y	X	N	Q	C	R	M	K	W	S	M	L
E	T	P	Y	G	E	D	D	A	A	Q	M	B	B	A
U	S	V	V	Y	S	V	N	M	C	Z	I	R	A	K
D	U	I	T	S	L	A	N	D	E	A	I	U	V	V
C	A	N	A	D	A	I	S	R	A	Ë	L	L	M	P
B	N	R	O	E	M	E	N	I	Ë	K	U	P	I	K
F	I	N	L	A	N	D	L	I	B	I	Ë	T	Y	Ë
I	V	B	L	M	L	N	O	O	R	W	E	G	E	N

BRAZILIË
CAMBODJA
CANADA
EGYPTE
FINLAND
DUITSLAND
INDIA
IRAK
ISRAËL
LIBIË
MALI
MAROKKO
NOORWEGEN
PANAMA
POLEN
ROEMENIË
SENEGAL
SPANJE
VENEZUELA
VIETNAM

82 - Geometria

C	C	G	L	P	M	K	Q	O	Q	S	K	E	K	O
I	U	G	D	M	F	E	I	S	N	E	M	I	D	P
R	R	B	T	H	M	O	D	G	J	X	P	R	D	P
K	V	N	E	O	M	H	Z	I	M	W	L	T	H	E
E	E	T	Y	R	E	T	E	M	A	I	D	E	O	R
L	V	E	R	T	I	C	A	A	L	A	Z	M	R	V
T	H	E	O	R	I	E	I	Z	Q	C	N	M	I	L
V	E	R	G	E	L	I	J	K	I	N	G	Y	Z	A
B	P	R	O	P	O	R	T	I	E	H	C	S	O	K
Y	T	A	C	U	H	O	O	G	T	E	F	B	N	N
E	R	C	L	P	T	B	M	K	C	C	K	T	T	U
M	N	I	B	E	R	E	K	E	N	I	N	G	A	M
S	E	G	M	E	N	T	T	K	H	G	D	L	A	M
N	O	O	D	R	I	E	H	O	E	K	S	T	L	E
B	Z	L	E	L	L	A	R	A	P	I	W	C	E	R

HOOGTE
HOEK
BEREKENING
CIRKEL
CURVE
DIAMETER
DIMENSIE
VERGELIJKING
LOGICA
MEDIAAN
NUMMER
HORIZONTAAL
PARALLEL
PROPORTIE
SEGMENT
SYMMETRIE
OPPERVLAK
THEORIE
DRIEHOEK
VERTICAAL

83 - Foresta Pluviale

S	P	O	R	X	U	G	W	A	E	W	R	V	O	N
Q	O	F	N	B	A	E	A	J	I	O	E	U	B	E
B	N	O	Y	W	N	M	A	I	T	L	S	O	M	Y
A	E	T	R	P	E	E	R	B	A	K	P	O	O	I
M	T	H	T	T	R	E	D	U	R	E	E	K	V	B
F	C	C	O	G	E	N	E	V	U	N	C	M	E	O
I	E	U	Y	U	I	S	V	O	A	T	T	V	R	T
B	S	L	X	O	D	C	O	G	T	L	A	P	L	A
I	N	V	C	K	G	H	L	E	S	K	T	N	E	N
E	I	E	E	E	O	A	D	L	E	J	A	P	V	I
Ë	T	O	H	L	O	P	I	S	R	F	A	D	I	S
N	C	T	G	V	Z	I	N	H	E	E	M	S	N	C
J	U	N	G	L	E	S	G	B	P	Y	I	M	G	H
D	I	V	E	R	S	I	T	E	I	T	L	S	Y	X
T	T	C	L	H	J	R	B	O	E	X	K	U	S	G

AMFIBIEËN
BOTANISCH
KLIMAAT
GEMEENSCHAP
DIVERSITEIT
JUNGLE
INHEEMS
INSECTEN
ZOOGDIEREN
MOS
NATUUR
WOLKEN
BEHOUD
WAARDEVOL
RESTAURATIE
TOEVLUCHT
RESPECT
OVERLEVING
SOORT
VOGELS

84 - Edifici

E	Y	R	N	Q	F	C	D	Z	K	S	S	L	S	O
M	C	B	I	O	S	C	O	O	P	K	U	A	C	B
Y	A	M	U	S	E	U	M	F	F	J	P	B	H	S
E	B	C	K	G	G	P	V	G	R	W	E	O	O	E
S	I	U	H	N	E	K	E	I	Z	F	R	R	O	R
T	N	E	M	E	T	R	A	P	P	A	M	A	L	V
S	E	I	B	D	H	P	N	O	I	D	A	T	S	A
E	D	H	H	N	W	H	K	T	N	E	R	O	T	T
T	A	F	F	S	W	N	J	I	H	Q	K	R	O	O
H	S	E	A	J	C	B	E	I	L	G	T	I	V	R
E	S	T	B	J	L	H	H	O	T	E	L	U	T	I
A	A	E	R	K	X	U	U	F	C	F	X	M	O	U
T	B	N	I	P	R	R	B	U	S	A	H	W	S	M
E	M	T	E	J	F	E	K	G	R	E	B	R	E	H
R	A	Z	K	K	A	S	T	E	E	L	Z	Y	O	C

AMBASSADE
APPARTEMENT
CABINE
KASTEEL
BIOSCOOP
FABRIEK
SCHUUR
HOTEL
LABORATORIUM
MUSEUM

ZIEKENHUIS
OBSERVATORIUM
HERBERG
SCHOOL
STADION
SUPERMARKT
THEATER
TENT
TOREN

85 - Malattia

F	W	G	O	Y	C	D	L	E	N	E	T	T	O	B
K	G	C	S	A	T	K	J	I	L	E	F	R	E	E
C	H	R	O	N	I	S	C	H	C	I	L	G	B	S
A	G	E	N	E	T	I	S	C	H	H	Z	T	U	M
D	A	L	L	E	R	G	I	E	Ë	N	A	W	I	E
E	W	L	V	B	R	V	R	Q	W	E	O	A	K	T
M	E	I	H	T	A	P	O	R	U	E	N	U	M	T
H	H	A	R	T	H	C	T	F	A	R	B	G	O	E
A	Z	C	J	S	W	X	T	U	U	C	A	V	O	L
L	V	S	N	W	J	F	H	E	T	L	K	E	R	I
I	T	H	E	R	A	P	I	E	R	S	K	D	D	J
N	T	I	E	T	I	N	U	M	M	I	S	C	N	K
G	J	A	D	I	E	H	D	N	O	Z	E	G	Y	A
G	Y	O	N	T	S	T	E	K	I	N	G	E	S	W
G	H	V	L	E	N	D	E	N	C	J	V	A	L	Z

ACUUT
BUIK
ALLERGIEËN
BACTERIEEL
BESMETTELIJK
LICHAAM
CHRONISCH
HART
ZWAK
ERFELIJK
GENETISCH
IMMUNITEIT
ONTSTEKING
LENDEN-
NEUROPATHIE
BOTTEN
ADEMHALING
GEZONDHEID
SYNDROOM
THERAPIE

86 - Paesi #2

M	T	N	U	C	H	E	G	D	D	G	G	Y	F	B
A	E	D	Y	Y	W	E	V	B	E	R	D	D	S	J
A	X	X	Ë	I	R	Y	S	V	N	I	Z	M	O	A
Q	A	C	I	A	M	A	J	U	E	E	I	A	E	G
M	D	A	P	C	F	G	N	M	M	K	N	X	D	D
G	N	U	O	S	O	A	L	I	A	E	D	O	A	A
D	A	L	I	E	Z	I	K	C	R	N	O	E	N	V
D	G	S	H	B	G	R	L	O	K	L	N	K	R	T
M	E	R	T	P	D	E	L	E	E	A	E	R	U	J
F	O	U	E	H	T	B	M	H	N	N	S	A	S	P
J	X	E	X	Y	J	I	L	A	A	D	I	Ï	L	B
L	A	P	E	N	S	L	L	N	W	Ï	Ë	N	A	Y
D	D	P	P	A	K	I	S	T	A	N	T	E	N	C
Z	B	E	A	I	R	E	G	I	N	X	P	I	D	Q
G	E	T	D	N	A	L	R	E	I	N	A	B	L	A

ALBANI
DENEMARKEN
ETHIOPIË
JAMAICA
JAPAN
GRIEKENLAND
HAÏTI
INDONESIË
IERLAND
LAOS
LIBERIA
MEXICO
NEPAL
NIGERIA
PAKISTAN
RUSLAND
SYRIË
SOEDAN
OEKRAÏNE
OEGANDA

87 - Tipi di Capelli

Y	L	Q	O	D	U	P	A	Q	A	A	G	A	B	K
Z	G	E	K	L	E	U	R	D	E	I	L	L	I	H
G	S	Z	V	T	C	J	I	T	H	C	A	Z	D	N
V	H	A	B	L	B	R	Y	I	F	I	D	E	F	X
B	J	Y	R	Z	C	L	I	W	O	G	Y	R	E	B
N	P	J	U	K	R	U	L	L	E	N	D	F	G	B
Y	E	D	I	S	Z	S	G	T	L	A	A	K	I	D
A	J	D	N	O	Z	E	G	R	F	L	H	R	P	P
B	D	Y	U	L	L	I	C	O	I	K	E	U	A	I
Q	L	F	D	H	F	M	S	K	O	J	K	L	T	G
C	E	O	Z	I	L	V	E	R	O	R	S	L	P	L
N	Z	X	N	E	T	H	C	E	L	V	D	E	R	F
M	F	O	P	D	Z	W	A	R	T	G	Z	N	M	J
W	V	U	S	R	G	E	V	L	O	C	H	T	E	N
B	W	E	U	C	A	K	B	D	U	Y	K	T	F	G

ZILVER
DROOG
WIT
BLOND
KORT
KAAL
GEKLEURD
GRIJS
GEVLOCHTEN
GLAD
LANG
BRUIN
ZACHT
ZWART
KRULLEND
KRULLEN
GEZOND
DUN
DIK
VLECHTEN

88 - Vestiti

H	X	V	W	H	T	O	P	F	T	O	S	Y	W	E
P	A	S	X	K	O	R	R	J	O	G	A	B	H	P
Q	M	N	I	F	C	E	J	S	A	J	N	R	O	P
H	A	E	D	G	N	M	D	N	M	S	D	O	A	T
U	J	O	N	S	A	J	E	A	N	S	A	E	L	N
P	Y	H	A	O	C	G	E	B	S	G	L	K	C	S
A	P	C	B	Z	A	H	M	O	D	E	E	D	D	C
J	I	S	M	Q	T	R	O	H	C	S	N	X	C	Y
A	U	Q	R	S	R	Q	P	E	B	L	O	U	S	E
D	R	R	A	J	I	K	G	G	N	I	T	T	E	K
P	T	X	K	A	H	W	S	Z	M	E	I	R	O	V
K	M	F	U	A	S	W	O	K	H	L	N	J	B	U
N	J	Y	E	L	G	C	A	F	G	B	P	P	T	X
F	K	O	M	Q	V	E	F	K	E	K	M	V	R	O
S	P	V	Z	F	Z	F	B	U	V	D	F	F	S	J

JURK
ARMBAND
BLOUSE
SHIRT
HOED
JAS
RIEM
KETTING
JASJE
ROK
SCHORT
HANDSCHOENEN
JEANS
TRUI
MODE
BROEK
PYJAMA
SANDALEN
SCHOEN
SJAAL

89 - Attività e Tempo Libero

O	N	N	X	U	Z	Z	R	H	P	D	U	H	V	Q
N	N	E	S	K	O	B	V	O	T	M	K	E	O	L
K	E	T	C	P	D	R	H	N	I	Q	L	N	L	T
A	K	C	S	T	Y	V	O	K	R	U	H	G	L	U
M	I	R	J	P	L	V	B	B	E	U	W	E	E	I
P	U	N	T	M	A	X	B	A	I	C	A	L	Y	N
E	D	I	Z	V	B	N	Y	L	S	D	N	S	B	I
R	G	O	L	F	T	I	N	Q	L	E	D	P	A	E
E	A	K	C	N	E	M	M	E	W	Z	E	O	L	R
N	X	L	A	U	O	U	M	N	N	M	L	R	O	E
K	U	N	S	T	V	J	Q	V	G	A	E	T	P	N
V	E	T	E	N	N	I	S	B	O	V	N	Q	O	Q
S	C	H	I	L	D	E	R	I	J	V	O	E	L	F
B	A	S	K	E	T	B	A	L	S	U	R	F	E	N
O	B	Z	Z	X	O	S	W	J	H	A	I	U	A	M

KUNST
HONKBAL
BASKETBAL
BOKSEN
VOETBAL
KAMPEREN
WANDELEN
TUINIEREN
GOLF
HOBBY

DUIKEN
ZWEMMEN
VOLLEYBAL
HENGELSPORT
SCHILDERIJ
ONTSPANNEN
SURFEN
TENNIS
REIS

90 - Arte

P	M	M	M	S	Y	M	B	O	O	L	D	G	B	E
C	O	L	X	D	D	W	B	U	W	S	J	N	X	E
S	K	R	E	W	W	U	O	H	D	L	E	E	B	N
U	C	K	T	K	J	I	L	R	E	E	S	R	P	V
I	O	H	P	R	E	W	R	E	D	N	O	Ë	J	O
T	R	F	I	Z	E	R	C	O	M	P	L	E	X	U
D	I	I	U	L	I	T	A	O	E	V	B	R	B	D
R	G	G	M	O	D	K	T	M	H	B	V	C	J	I
U	I	U	B	U	W	E	D	E	I	Z	Ë	O	P	G
K	N	U	W	F	Z	N	R	R	R	S	D	W	P	U
K	E	R	U	E	M	U	H	I	B	E	C	G	I	E
I	E	V	I	S	U	E	E	L	J	O	N	H	D	B
N	L	G	R	E	M	S	I	L	A	E	R	R	U	S
G	X	E	Y	V	D	E	Z	D	X	M	N	G	W	P
K	D	C	G	E	Ï	N	S	P	I	R	E	E	R	D

KERAMISCH
COMPLEX
CREËREN
SCHILDERIJEN
UITDRUKKING
FIGUUR
GEÏNSPIREERD
EERLIJK
ORIGINEEL
POËZIE
PORTRETTEREN
BEELDHOUWWERK
EENVOUDIG
SYMBOOL
ONDERWERP
SURREALISME
HUMEUR
VISUEEL

91 - Meteo

F	K	O	D	A	N	R	O	T	K	E	B	F	Q	G
B	U	R	R	E	D	N	O	D	L	I	O	C	G	Q
E	V	L	R	K	N	G	S	E	I	R	B	E	X	R
M	R	U	U	T	A	R	E	P	M	E	T	H	L	M
G	O	O	R	D	T	A	L	A	A	H	S	C	D	N
Q	J	E	T	K	E	G	N	T	A	E	I	S	Q	S
U	M	J	S	H	T	O	B	M	T	M	M	I	P	I
P	O	I	V	S	G	O	Q	O	Q	E	R	P	O	R
S	Q	D	Q	G	O	B	M	S	F	L	W	O	L	K
J	D	Y	X	X	O	N	M	F	N	P	G	R	T	J
I	J	S	L	B	R	E	H	E	Z	Z	Y	T	Q	S
K	C	L	O	D	D	G	I	E	P	O	L	A	I	R
I	O	Z	C	N	F	E	G	R	M	N	K	Z	D	K
G	H	N	Z	X	P	R	S	B	L	I	K	S	E	M
R	R	S	V	H	W	I	N	D	O	T	S	U	D	L

REGENBOOG
DROOG
ATMOSFEER
BRIES
HEMEL
KLIMAAT
BLIKSEM
IJS
MOESSON
MIST
WOLK
POLAIR
DROOGTE
TEMPERATUUR
STORM
TORNADO
TROPISCH
DONDER
ORKAAN
WIND

92 - Corpo Umano

H	B	H	U	H	E	M	V	I	N	G	E	R	S	K
U	L	O	S	L	L	E	O	W	Q	X	A	W	C	I
I	O	O	D	L	L	H	Z	N	R	O	D	I	H	N
D	E	F	S	U	E	N	A	N	D	O	S	V	O	F
M	D	D	D	U	B	U	F	R	F	R	Y	X	U	R
E	N	K	E	L	O	S	L	A	T	U	K	Q	D	C
F	T	J	J	R	O	T	O	T	H	C	I	Z	E	G
W	I	Z	E	X	G	O	O	B	E	E	N	H	R	Z
K	N	I	E	V	A	A	Z	K	T	Z	E	A	J	F
F	R	N	E	K	F	A	A	G	H	I	H	N	X	L
H	E	R	S	E	N	E	N	M	N	H	M	D	M	J
R	B	E	F	X	S	X	L	Q	T	V	D	J	J	L
N	W	M	A	M	N	Q	R	H	V	L	O	Y	G	D
N	Z	U	C	Z	L	L	R	F	M	Z	W	Z	Y	N
Q	P	U	P	K	O	V	M	A	R	N	T	W	O	M

MOND
ENKEL
HERSENEN
NEK
HART
VINGER
GEZICHT
BEEN
KNIE
ELLEBOOG
HAND
KIN
NEUS
OOG
OOR
HUID
BLOED
SCHOUDER
MAAG
HOOFD

93 - Mammiferi

K	A	N	G	O	E	R	O	E	Y	T	G	L	W	P
Z	K	C	Q	L	F	J	E	M	L	P	O	E	A	A
E	O	A	Z	B	E	E	R	O	O	Y	R	E	L	A
B	N	L	S	T	C	O	Y	O	T	E	I	U	V	R
R	I	Z	W	R	C	W	B	S	Q	M	L	W	I	D
A	J	K	U	P	C	F	W	I	Y	V	L	X	S	G
S	N	O	Q	U	U	F	G	O	R	N	A	X	F	C
C	C	O	T	M	D	K	S	C	M	S	C	F	D	X
G	P	H	K	E	N	T	A	S	W	W	U	N	X	B
Z	A	L	A	K	O	I	W	T	P	E	G	J	F	R
B	L	K	N	A	H	E	R	T	N	A	F	I	L	O
V	O	S	U	H	P	G	E	Z	Z	N	A	F	O	S
F	H	W	I	D	R	H	I	K	Z	V	R	L	W	C
R	I	K	K	K	Y	J	T	I	J	Z	I	O	E	I
D	X	C	Z	H	L	Q	S	Y	Y	M	G	D	R	G

WALVIS
HOND
KANGOEROE
PAARD
HERT
KONIJN
COYOTE
DOLFIJN
OLIFANT
KAT
GIRAF
GORILLA
LEEUW
WOLF
BEER
SCHAAP
AAP
STIER
VOS
ZEBRA

94 - Cucina

G	Z	Q	I	K	E	V	L	L	V	L	D	T	C	L
D	K	T	C	T	Z	O	M	N	Y	N	B	P	U	C
A	E	H	X	T	P	E	C	E	R	I	Q	O	J	E
S	E	W	K	O	R	D	X	T	C	N	E	L	U	E
E	P	C	U	P	E	S	L	E	P	E	L	L	K	T
Y	O	E	U	N	N	E	K	R	O	V	E	E	O	S
S	K	R	C	L	O	L	I	O	S	O	T	P	E	T
L	P	V	X	E	T	G	U	O	M	K	E	E	L	O
A	V	O	U	C	R	O	R	U	Y	M	K	L	K	K
R	I	M	N	Q	O	I	K	Q	Z	V	T	L	A	J
R	V	E	D	S	H	P	J	H	C	O	W	I	S	E
P	I	L	I	C	C	B	R	E	B	F	E	R	T	S
D	D	Q	C	H	S	A	N	P	N	K	X	G	R	L
F	N	S	F	V	R	I	E	Z	E	R	J	R	I	Y
D	S	E	R	V	E	T	M	E	S	S	E	N	T	C

EETSTOKJES
KETEL
KRUIK
VOEDSEL
KOM
MESSEN
VRIEZER
LEPELS
VORKEN
OVEN

KOELKAST
SCHORT
GRILL
POLLEPEL
RECEPT
SPECERIJEN
SPONS
CUP
SERVET
POT

95 - Jazz

S	I	G	A	Q	L	D	J	T	A	S	W	C	N	Z
T	M	I	R	S	D	K	L	L	K	U	T	J	R	J
B	P	U	T	N	E	T	E	I	R	O	V	A	F	C
E	R	A	I	A	T	N	U	N	Z	F	C	S	X	O
R	O	L	E	L	K	E	I	N	H	C	E	T	E	M
O	V	I	S	B	F	L	N	G	A	X	B	I	N	P
E	I	E	T	U	O	A	A	A	K	M	H	J	M	O
M	S	D	C	M	N	T	J	P	D	E	O	L	U	N
D	A	U	A	O	G	V	Z	F	P	R	D	V	Z	I
K	T	O	W	U	E	I	N	U	T	L	U	C	I	S
Y	I	F	P	V	N	S	F	V	X	W	A	K	E	T
X	E	M	T	I	R	O	R	K	E	S	T	U	K	E
O	E	F	C	Z	E	C	O	N	C	E	R	T	S	H
Y	U	P	E	Z	C	R	V	O	V	I	U	O	P	M
Z	N	S	A	M	E	N	S	T	E	L	L	I	N	G

ALBUM
APPLAUS
ARTIEST
LIED
COMPONIST
SAMENSTELLING
CONCERT
NADRUK
BEROEMD
GENRE
IMPROVISATIE
MUZIEK
NIEUW
ORKEST
FAVORIETEN
RITME
STIJL
TALENT
TECHNIEK
OUD

96 - Vacanze #2

L	U	C	H	T	H	A	V	E	N	R	C	G	C	H
W	W	R	T	K	A	M	P	E	R	E	N	K	D	Z
T	L	E	T	O	H	B	U	U	C	U	E	W	N	V
A	G	D	T	R	O	O	P	S	A	P	V	D	A	N
T	E	N	T	A	V	E	Z	A	Y	Y	F	S	L	P
S	T	A	I	A	X	R	V	A	K	A	N	T	I	E
T	N	L	R	M	F	I	I	K	A	A	R	T	E	E
R	A	N	E	U	M	E	I	J	D	E	W	H	O	Z
A	R	E	I	S	A	E	J	X	E	T	R	E	I	N
N	U	T	S	I	K	R	T	J	L	T	D	A	Q	R
D	A	I	N	V	N	O	C	S	F	L	I	N	E	B
Z	T	U	Z	K	O	D	T	O	E	L	H	J	G	S
H	S	B	B	K	H	A	N	T	G	B	V	Z	D	T
V	E	R	V	O	E	R	N	O	R	Y	Z	E	X	G
V	R	I	M	Z	F	D	A	F	F	V	D	K	U	M

LUCHTHAVEN
KAMPEREN
BESTEMMING
FOTO'S
HOTEL
EILAND
KAART
ZEE
PASPOORT
RESTAURANT
STRAND
BUITENLANDER
TAXI
VRIJE TIJD
TENT
VERVOER
TREIN
VAKANTIE
REIS
VISUM

97 - Attività

C	N	R	A	T	H	J	P	H	Q	P	K	N	N	O
R	D	K	H	U	W	A	U	E	W	Y	D	E	K	N
Z	E	E	M	I	A	C	Z	N	N	D	N	R	U	T
X	B	I	R	N	N	H	Z	G	E	J	C	E	T	S
Z	V	M	Z	I	D	T	E	E	T	I	K	P	T	P
A	A	A	Y	E	E	T	L	L	H	T	A	M	L	A
C	A	R	L	R	L	Z	S	S	C	E	S	A	F	N
T	R	E	R	E	E	P	R	P	A	J	E	K	N	N
I	D	K	W	N	N	N	D	O	B	I	K	G	Z	I
V	I	M	A	G	I	E	L	R	M	R	H	M	S	N
I	G	J	Z	C	C	S	F	T	A	V	F	Y	R	G
T	H	I	O	R	M	N	I	K	S	G	A	M	E	S
E	E	Y	N	V	W	A	Z	G	V	N	E	Z	E	L
I	I	T	I	Y	L	D	D	Z	H	R	U	S	W	G
T	D	F	O	T	O	G	R	A	F	I	E	K	F	P

VAARDIGHEID
KUNST
AMBACHTEN
ACTIVITEIT
JACHT
KAMPEREN
KERAMIEK
NAAIEN
DANSEN
WANDELEN
FOTOGRAFIE
TUINIEREN
GAMES
LEZEN
MAGIE
HENGELSPORT
PLEZIER
PUZZELS
ONTSPANNING
VRIJE TIJD

98 - Diplomazia

R	K	H	O	K	X	G	Z	C	C	B	Z	M	D	N
G	R	Q	I	J	D	O	K	D	O	U	F	S	I	F
A	U	Q	G	I	C	U	E	I	N	R	V	H	P	O
R	E	S	O	L	U	T	I	E	F	G	T	C	L	G
D	S	Z	Z	R	C	E	H	H	L	E	P	R	O	L
R	I	S	R	E	P	S	T	G	I	R	A	E	M	A
E	V	Y	W	G	F	O	E	I	C	S	H	G	A	M
V	D	K	I	R	N	L	L	L	T	G	C	E	T	B
E	A	R	P	U	W	F	J	I	C	H	S	R	I	A
Z	L	E	L	B	T	A	Q	E	T	Z	N	I	E	S
D	K	E	Q	E	V	R	G	V	I	I	E	N	K	S
D	I	S	C	U	S	S	I	E	T	X	E	G	J	A
Q	O	P	L	O	S	S	I	N	G	U	M	K	B	D
I	N	T	E	G	R	I	T	E	I	T	E	L	T	E
A	M	B	A	S	S	A	D	E	U	R	G	S	K	P

AMBASSADE
AMBASSADEUR
BURGERS
BURGERLIJK
GEMEENSCHAP
CONFLICT
ADVISEUR
DIPLOMATIEK
DISCUSSIE
ETHIEK
REGERING
INTEGRITEIT
POLITIEK
RESOLUTIE
VEILIGHEID
OPLOSSING
VERDRAG

99 - Forniture Artistiche

C	H	A	V	L	T	E	W	Q	N	S	J	G	C	N
N	O	S	C	N	E	Q	I	I	E	I	K	O	A	F
E	U	X	X	R	S	N	T	Y	P	O	C	M	M	Y
E	T	C	C	E	Y	E	I	L	O	T	O	J	E	R
A	S	M	M	I	U	L	E	T	S	A	P	I	R	P
P	K	K	M	P	U	L	E	O	T	S	S	L	A	M
A	O	W	B	A	V	E	I	L	K	D	E	E	Q	O
I	O	A	O	P	O	R	T	T	N	Y	U	Z	H	V
D	L	T	P	T	P	A	K	W	I	T	Y	E	F	D
I	L	E	F	A	T	U	S	L	E	T	S	R	O	B
D	D	R	Z	U	L	Q	F	D	E	G	P	E	Y	J
G	D	E	Z	I	Q	A	E	R	L	U	K	L	E	I
E	T	I	E	T	I	V	I	T	A	E	R	C	G	B
G	J	T	E	Ë	E	E	O	O	C	E	J	E	Q	U
I	Q	H	F	I	N	E	D	O	L	T	O	P	N	H

WATER
AQUARELLEN
ACRYL
KLEI
HOUTSKOOL
PAPIER
EZEL
LIJM
KLEUREN
CREATIVITEIT
GOM
IDEEËN
INKT
POTLODEN
OLIE
PASTEL
STOEL
BORSTELS
TAFEL
CAMERA

100 - Misurazioni

C	L	Y	H	Z	M	D	I	E	P	T	E	L	B	G
Q	E	S	C	H	E	D	H	C	L	Y	Z	I	R	R
G	H	N	L	K	T	H	C	I	W	E	G	T	E	A
L	R	O	T	L	E	A	N	W	H	R	M	E	E	A
E	O	A	O	I	R	A	I	I	R	Z	H	R	D	D
N	N	H	M	G	M	A	R	G	O	L	I	K	T	V
G	S	A	Y	B	T	E	T	N	A	A	Q	F	E	O
T	U	C	B	V	U	E	T	Y	B	A	U	R	L	L
E	A	T	B	N	U	K	N	E	O	M	L	N	G	U
L	R	F	N	G	N	T	I	W	R	I	T	Q	D	M
T	A	G	C	Q	I	O	P	K	Y	C	Y	F	D	E
S	S	S	J	Q	M	N	L	A	C	E	X	B	E	F
K	I	L	O	M	E	T	E	R	N	D	H	Z	B	C
V	S	E	Q	X	B	O	L	R	C	Q	I	V	D	P
Z	T	Z	A	T	S	Z	J	G	U	V	D	M	M	L

HOOGTE
BYTE
CENTIMETER
KILOGRAM
KILOMETER
DECIMAAL
GRAAD
GRAM
BREEDTE
LITER
LENGTE
METER
MINUUT
ONS
GEWICHT
PINT
INCH
DIEPTE
TON
VOLUME

1 - Scacchi

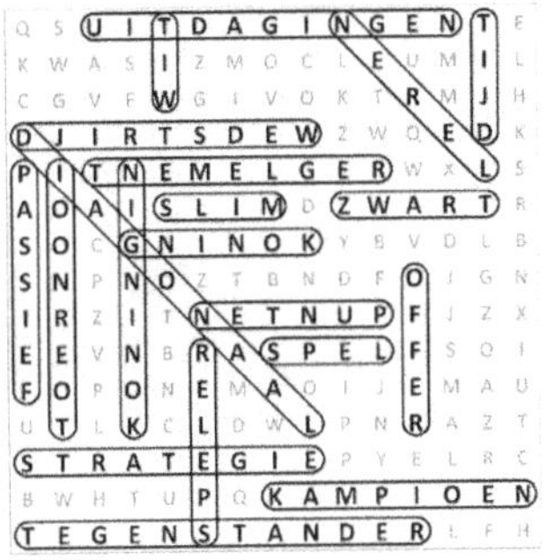

2 - Salute e Benessere #2

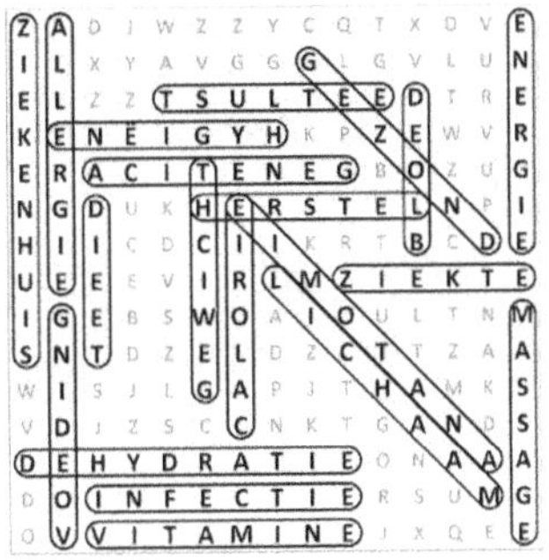

3 - Aggettivi #2

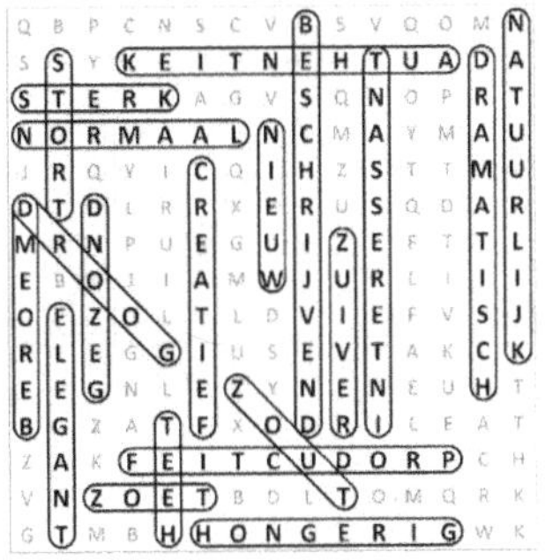

4 - Ingegneria

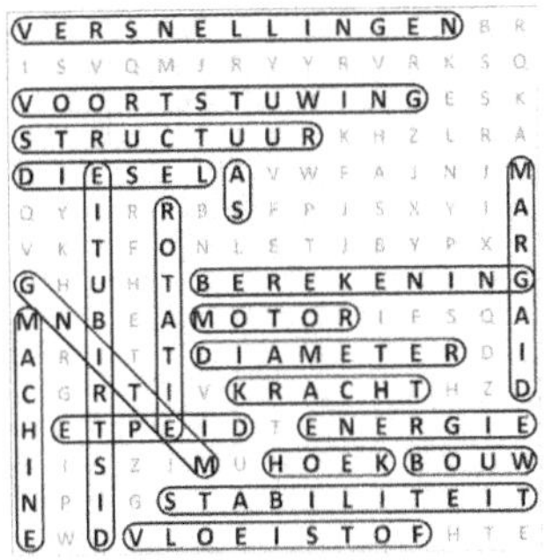

5 - Archeologia

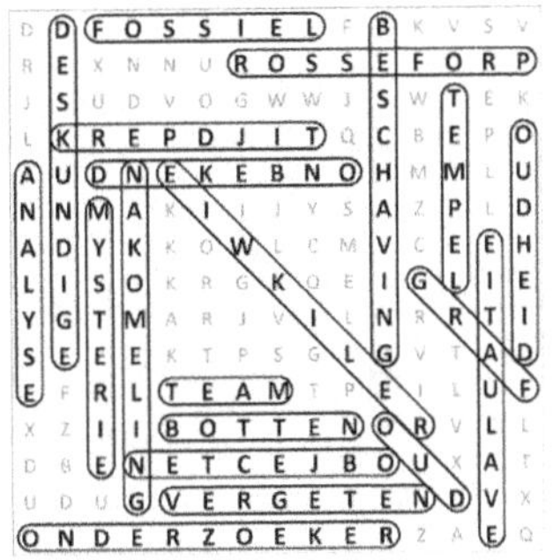

6 - Salute e Benessere #1

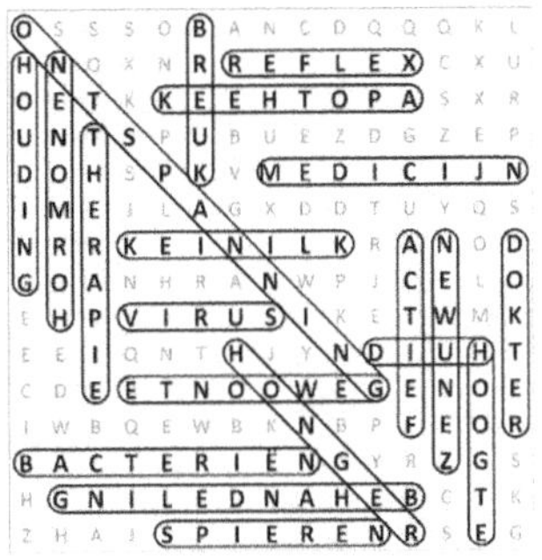

7 - Aggettivi #1

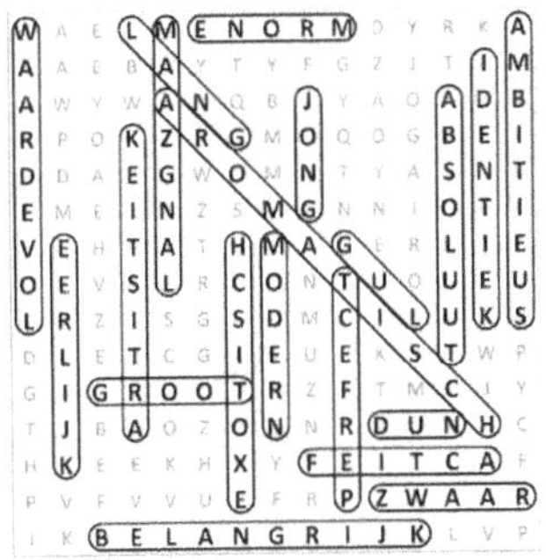

8 - Geologia

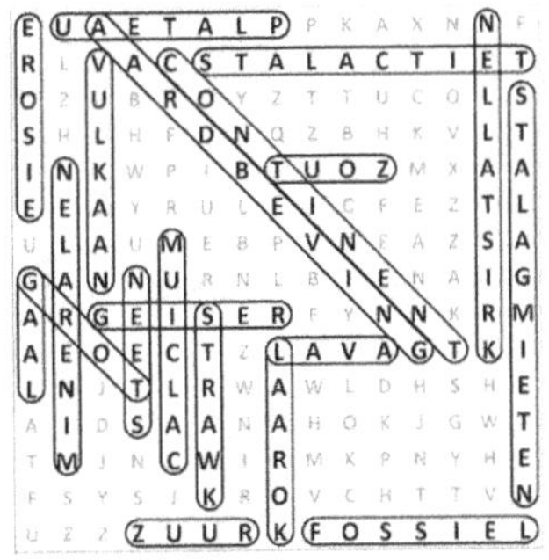

9 - Campeggio

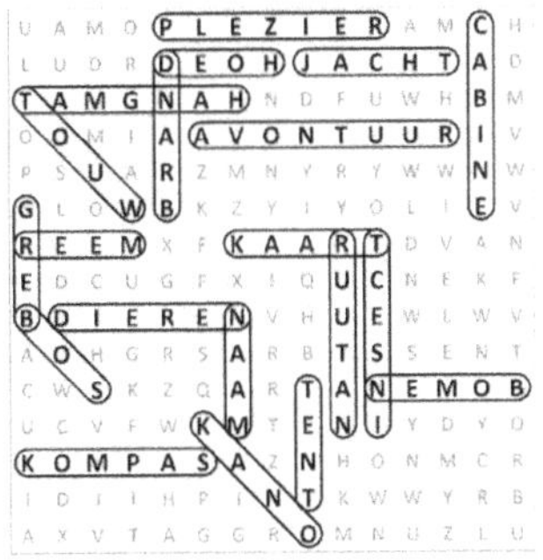

10 - Arti Visive

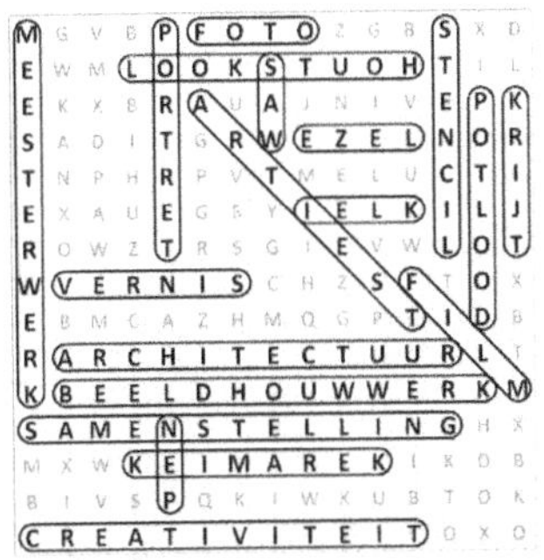

11 - Tempo

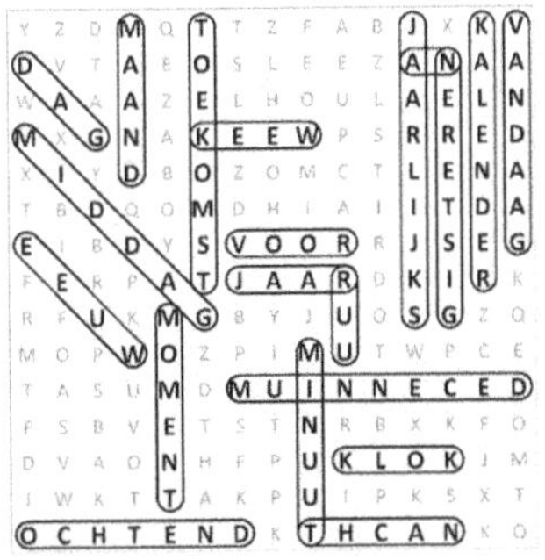

12 - Astronomia

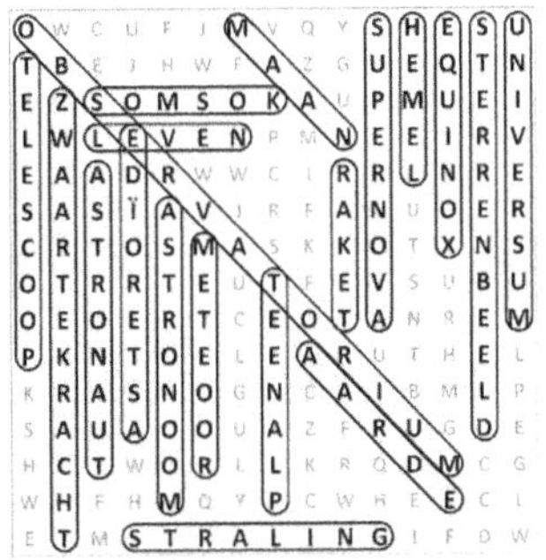

13 - Algebra

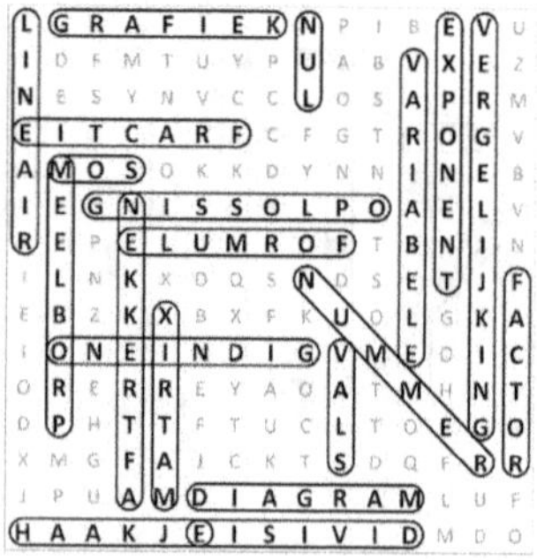

14 - Mitologia

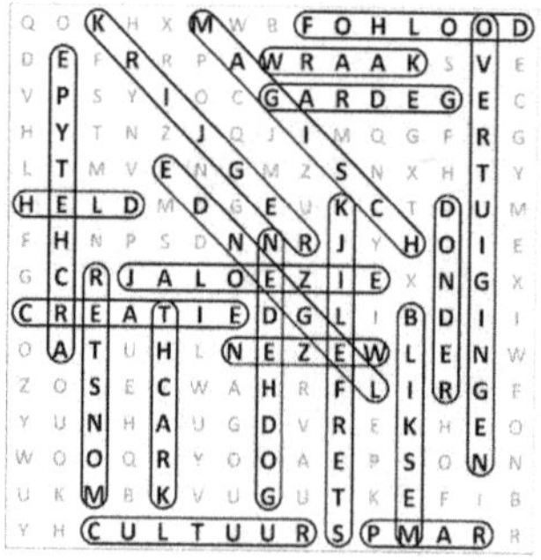

15 - Piante

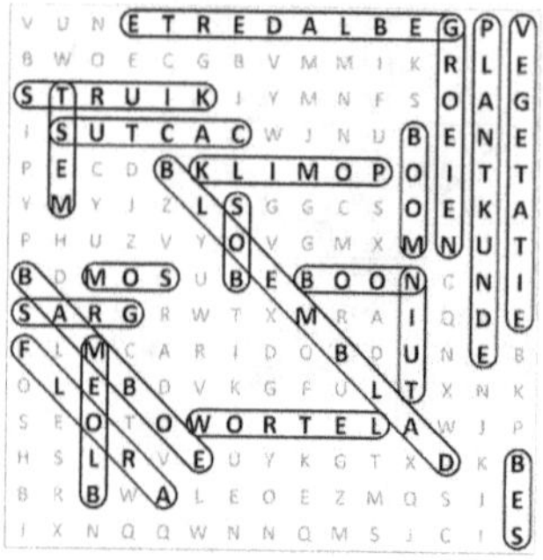

16 - Spezie

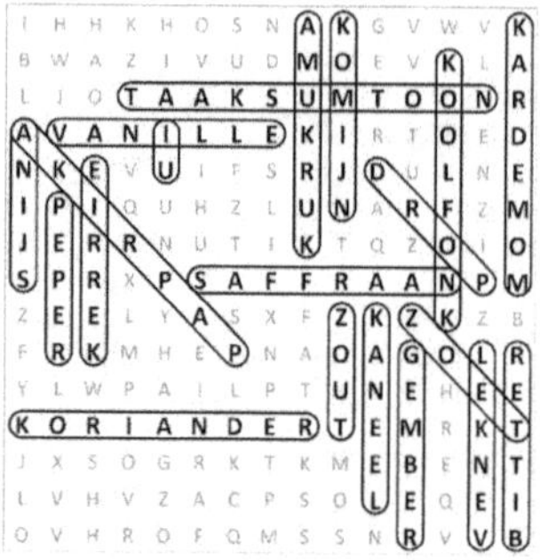

17 - Numeri

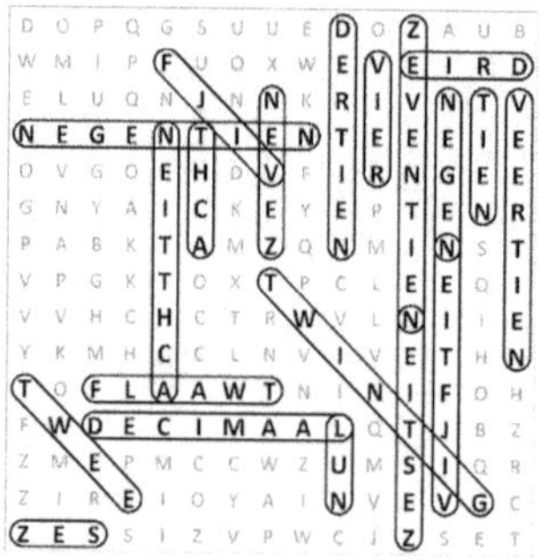

18 - Cioccolato

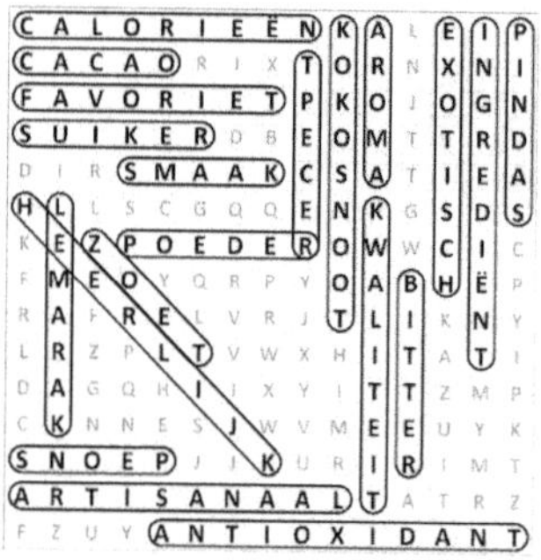

19 - Guida

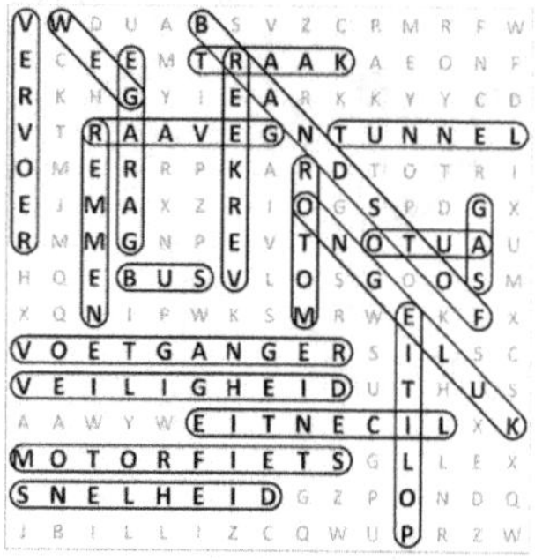

20 - I Media

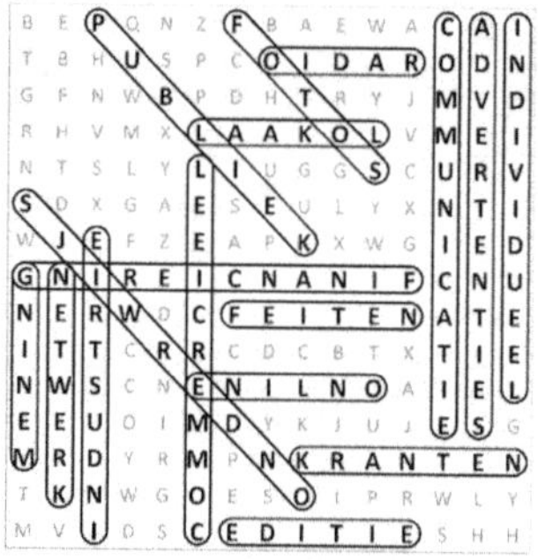

21 - Forza e Gravità

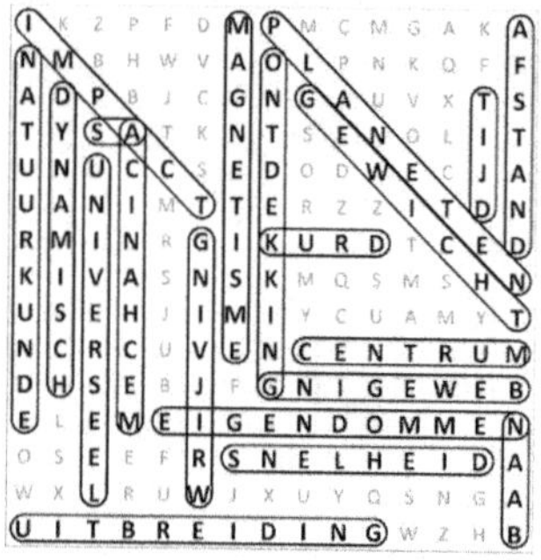

22 - Caffè

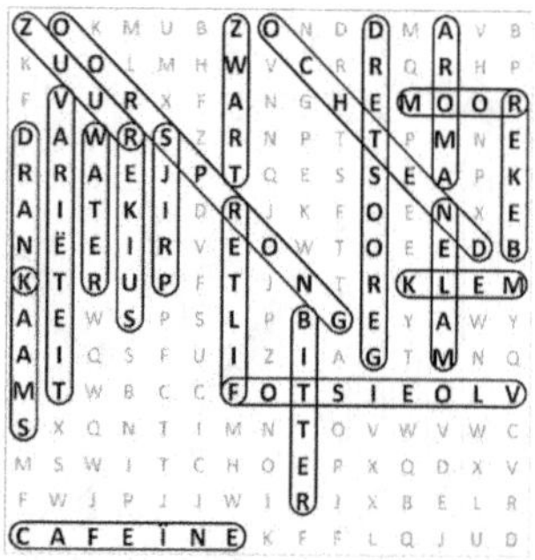

23 - Uccelli

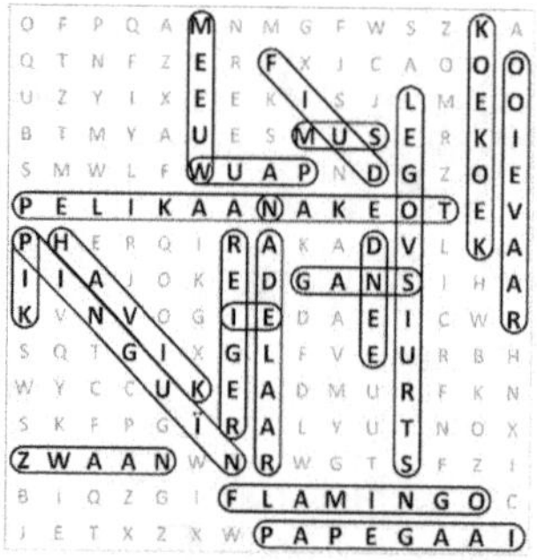

24 - Giorni e Mesi

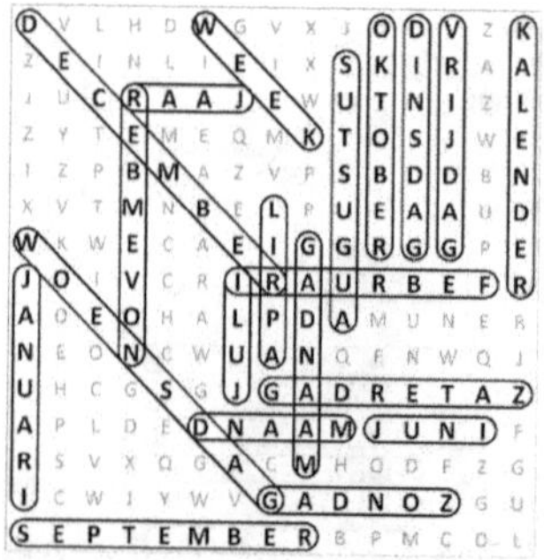

25 - Casa

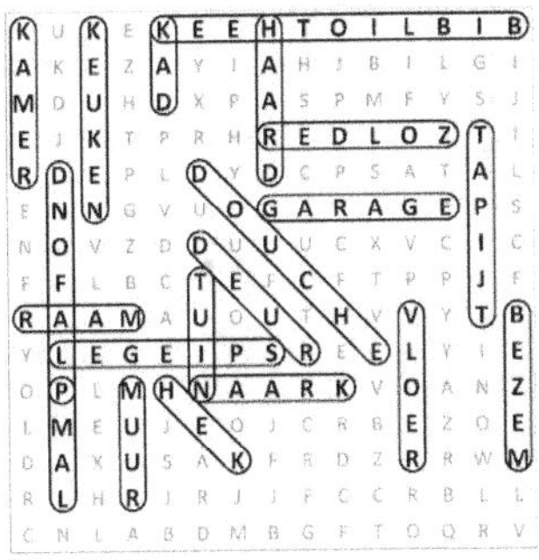

26 - Ristorante #1

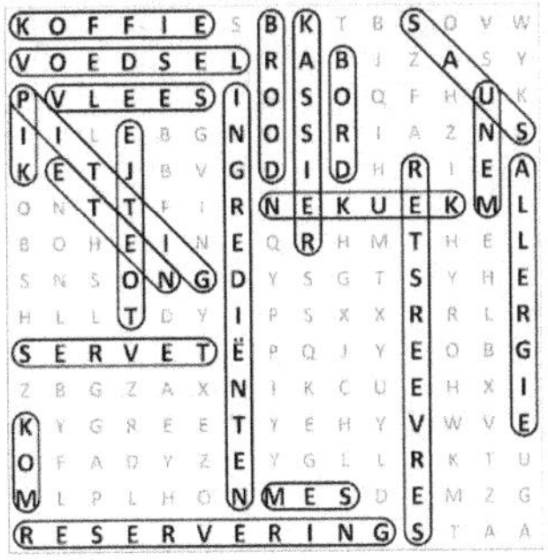

27 - Fantascienza

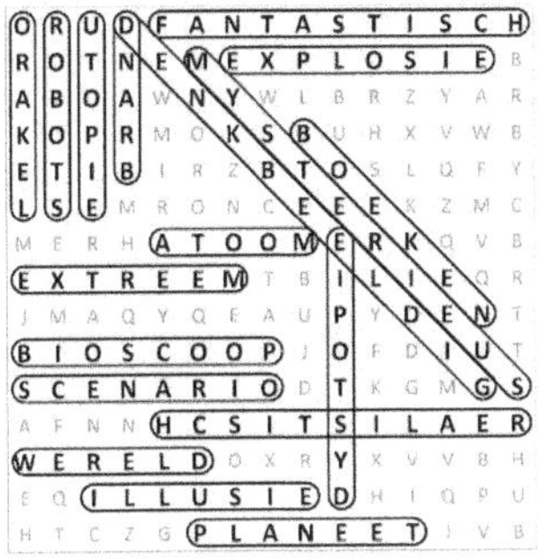

28 - Città

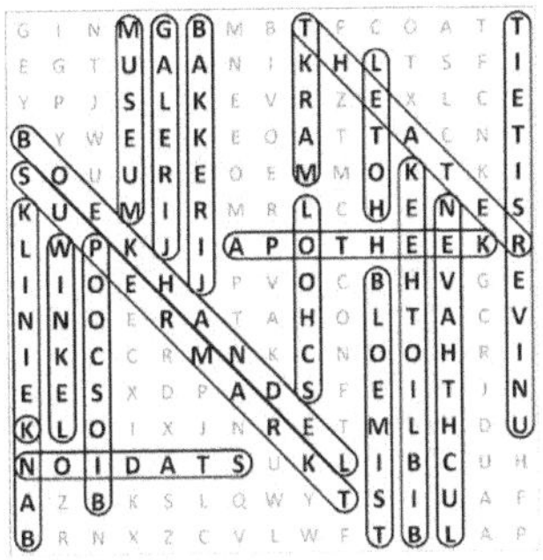

29 - Fattoria #1

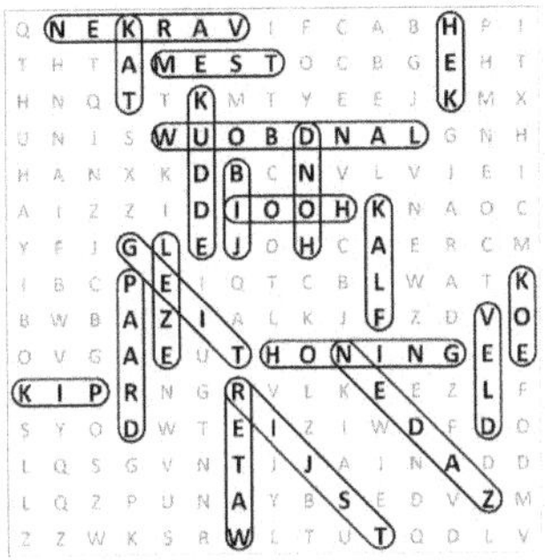

30 - Psicologia

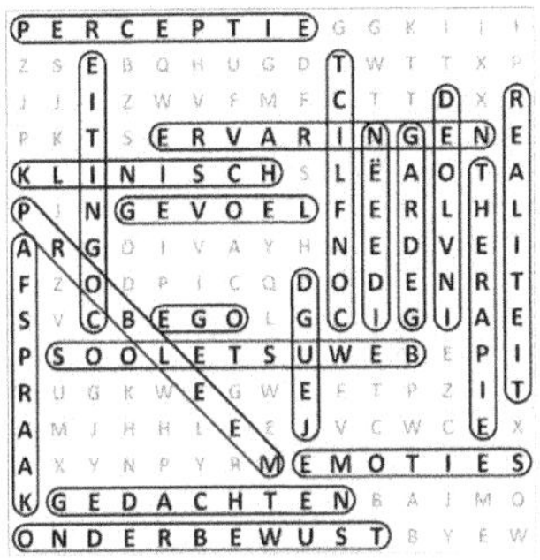

31 - Paesaggi

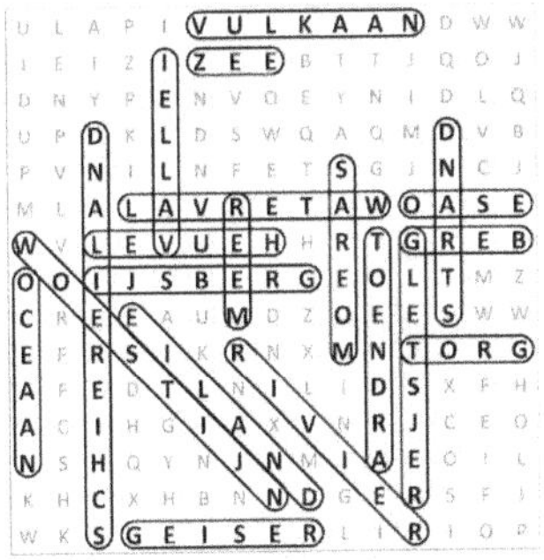

32 - Energia

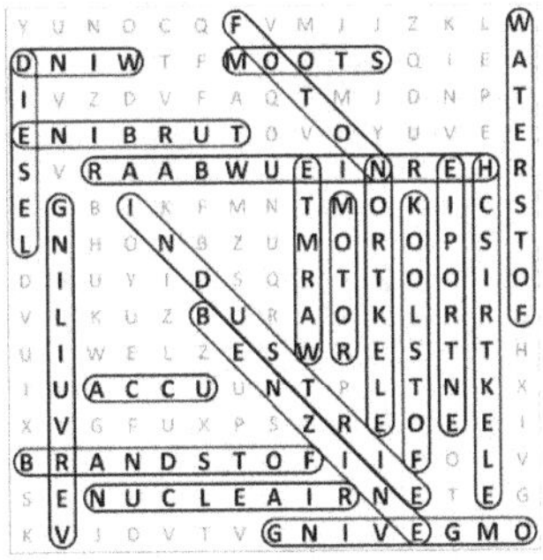

33 - Ristorante #2

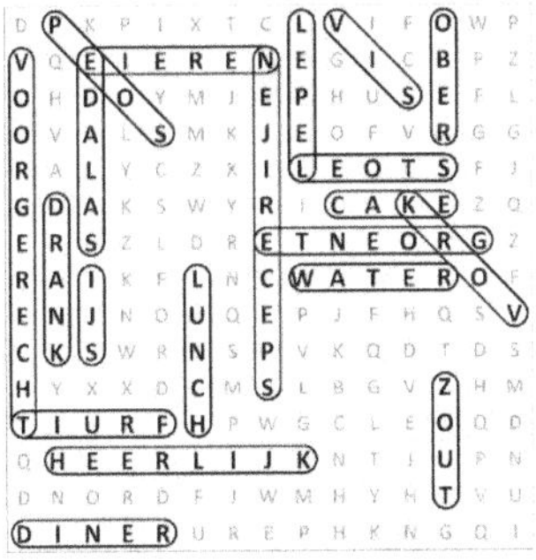

34 - Giardino

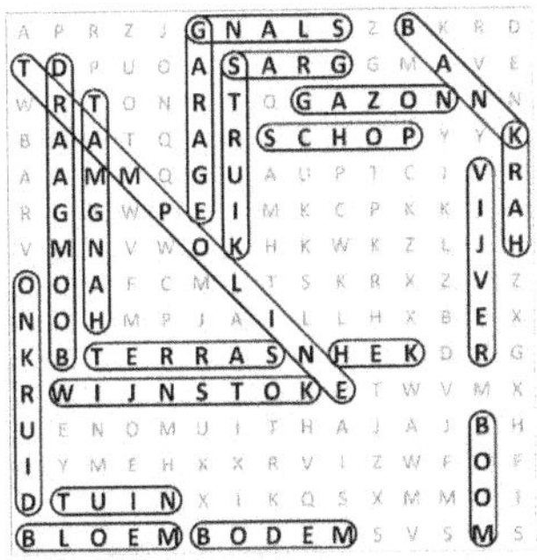

35 - Riscaldamento Gl

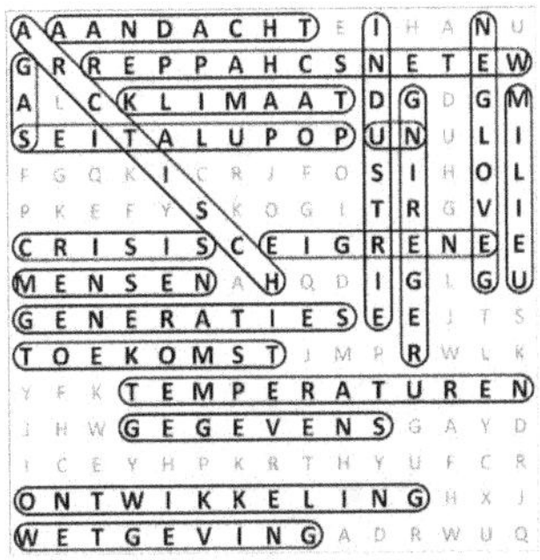

36 - Frutta

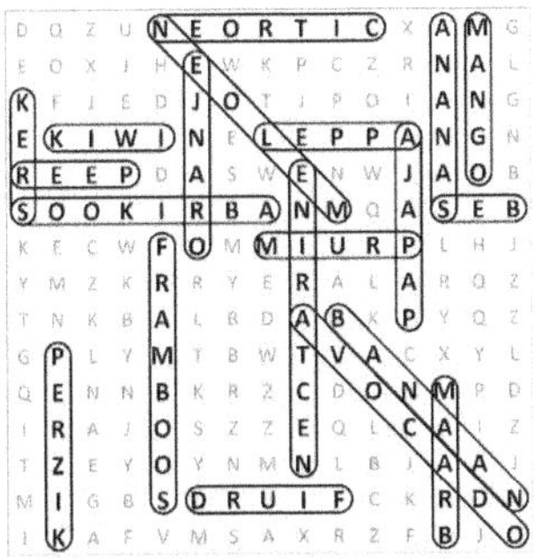

37 - Fattoria #2

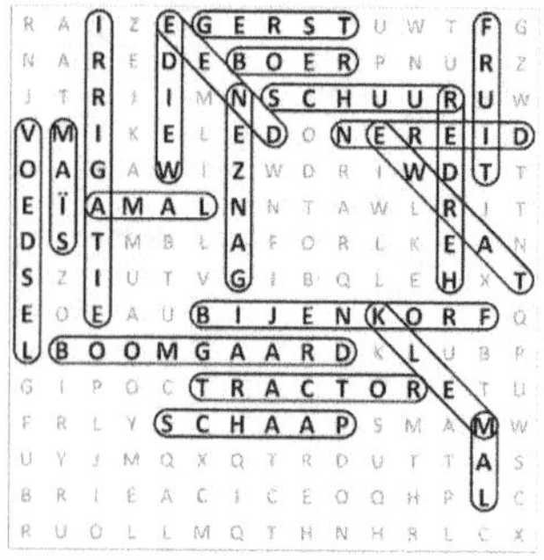

38 - Verdure

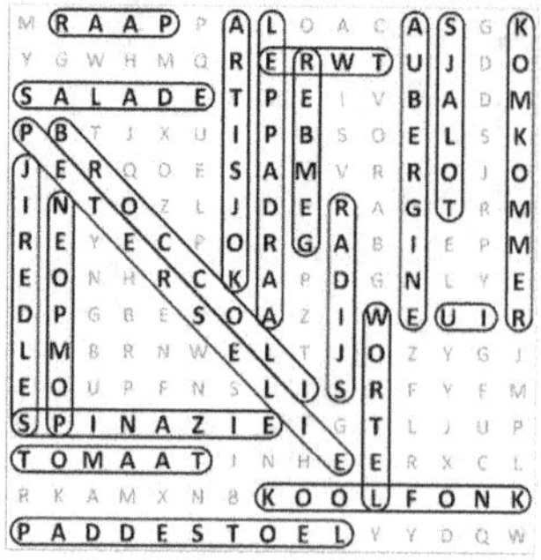

39 - Musica

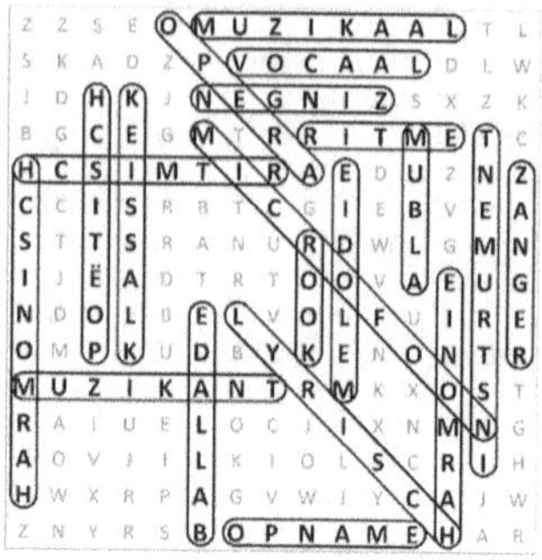

40 - Barbecue

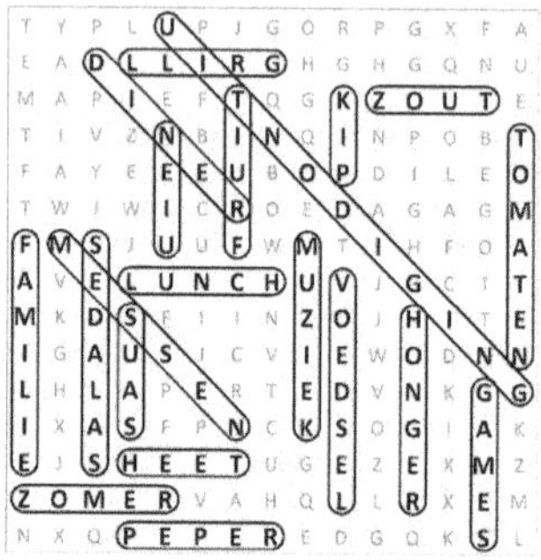

41 - Fisica

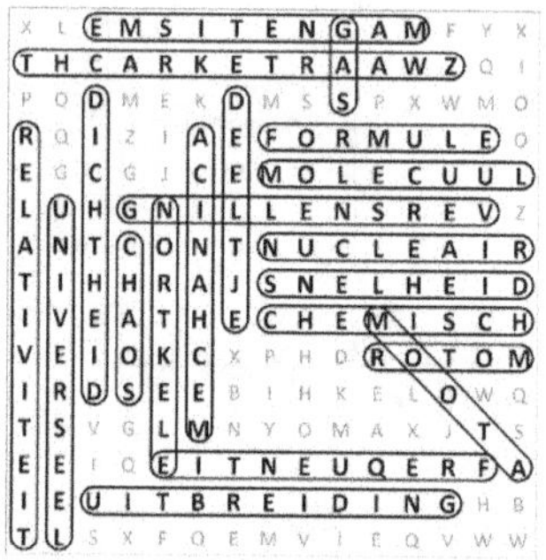

42 - Agronomia

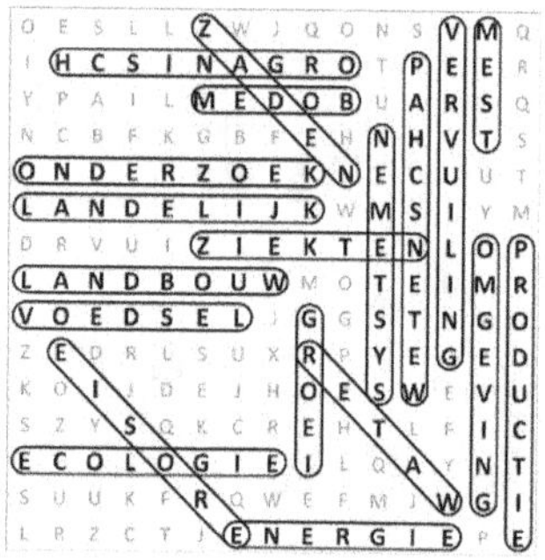

43 - Erboristeria

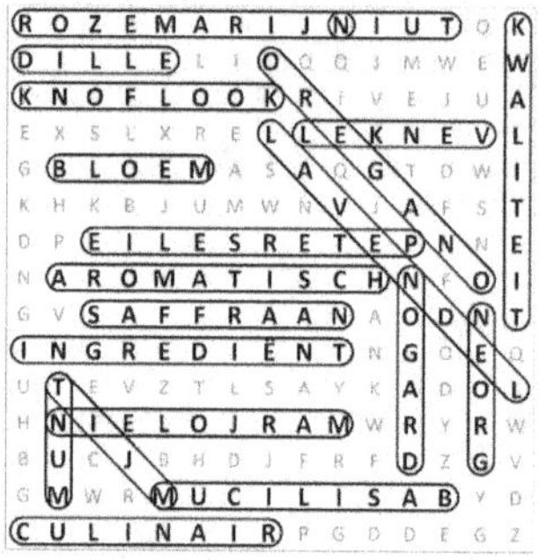

44 - Danza

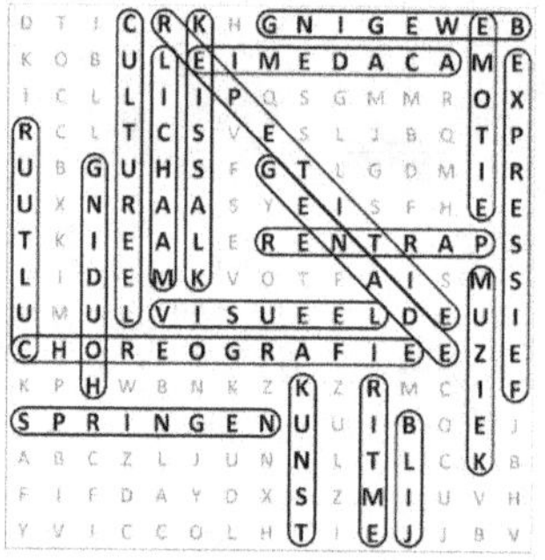

45 - Biologia

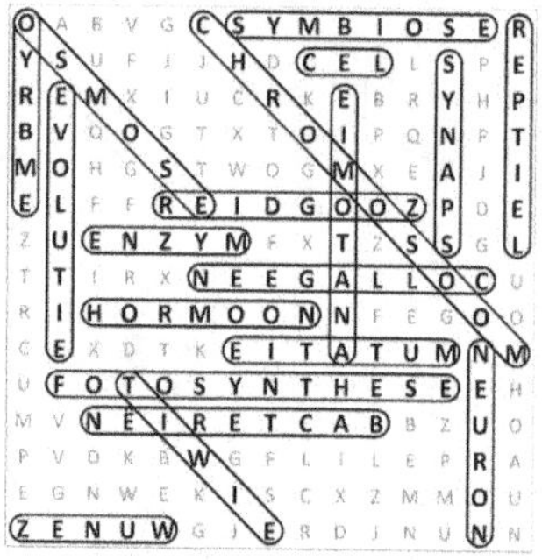

46 - Attività Commerciale

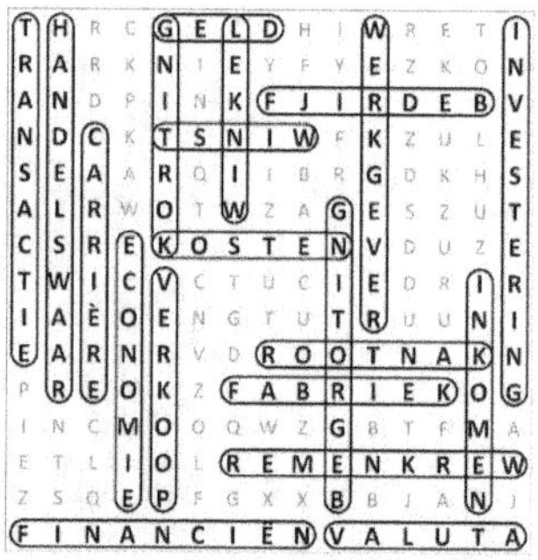

47 - Fiori

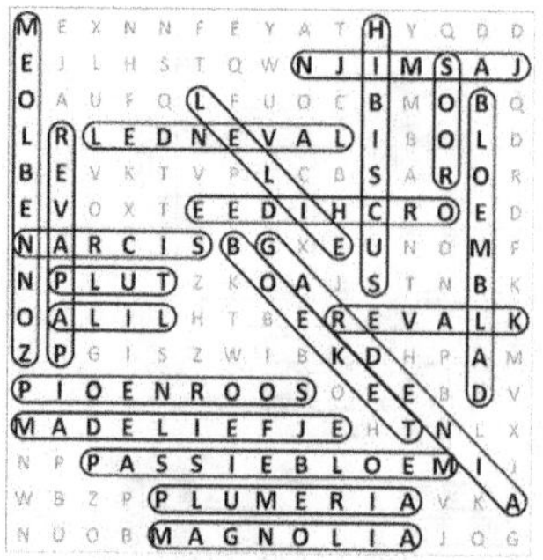

48 - Ecologia

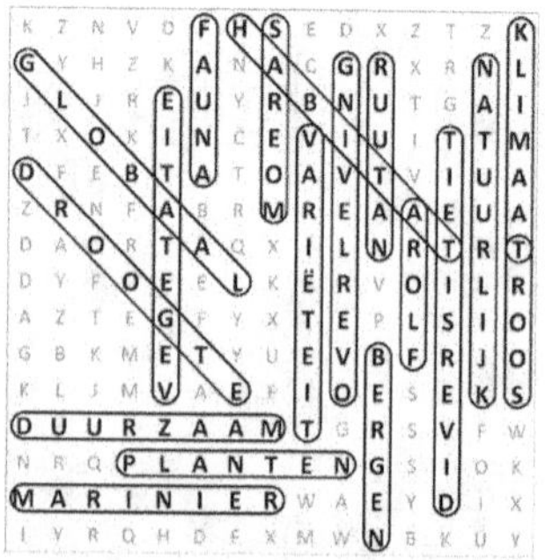

49 - Discipline Scientifiche

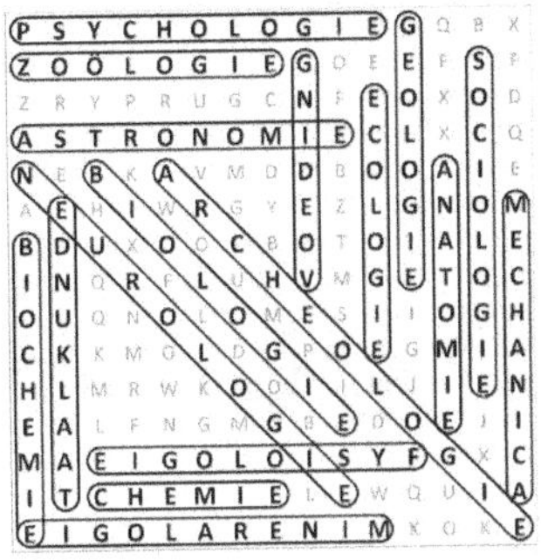

50 - Scienza

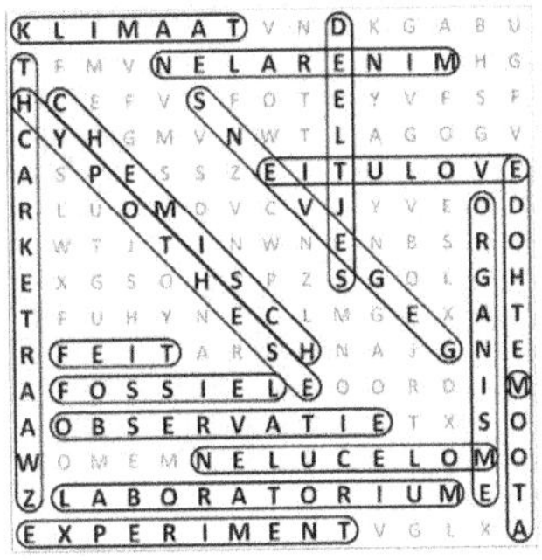

51 - Acqua

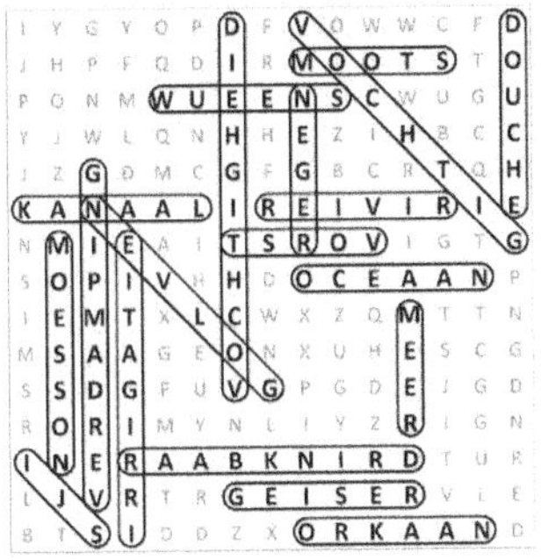

52 - Imbarcazioni

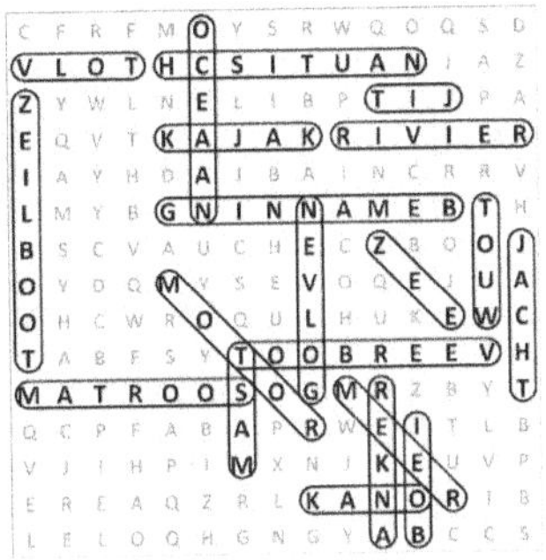

53 - Chimica

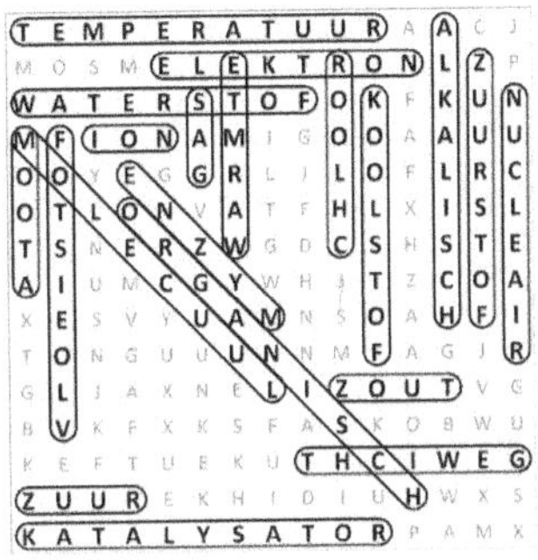

54 - Api

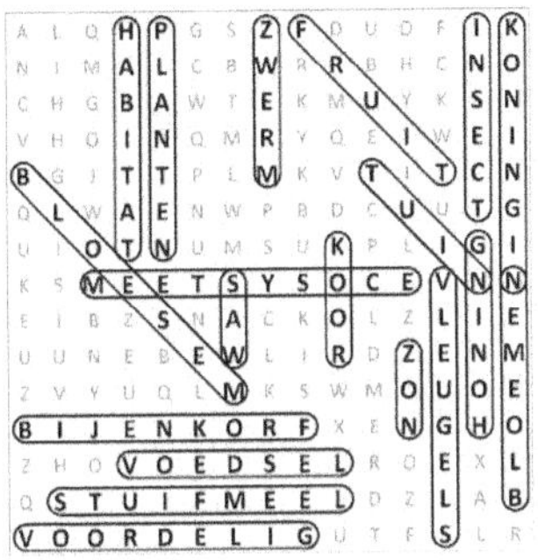

55 - Conservazione

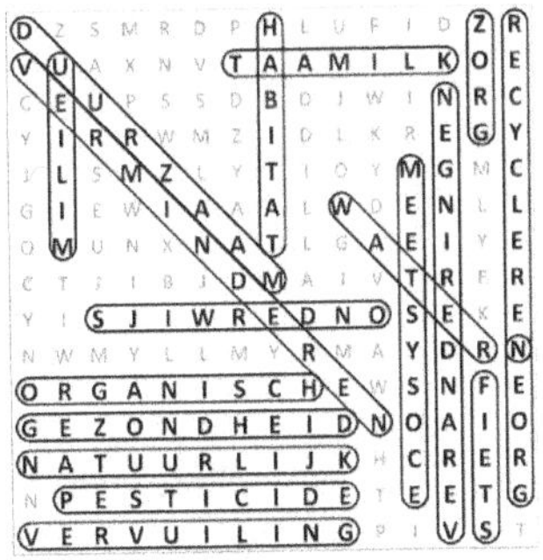

56 - Strumenti Musicali

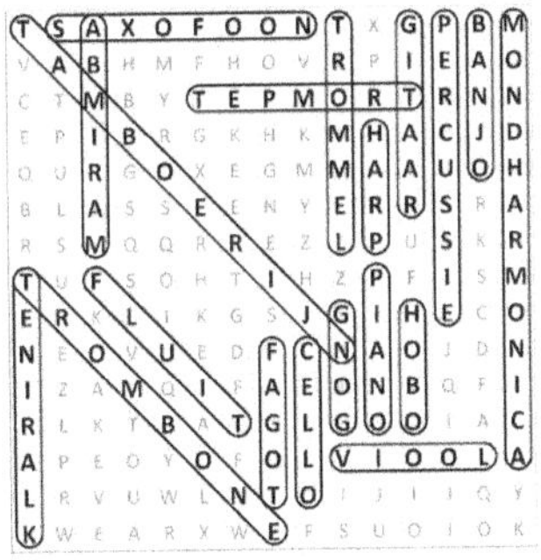

57 - Professioni #2

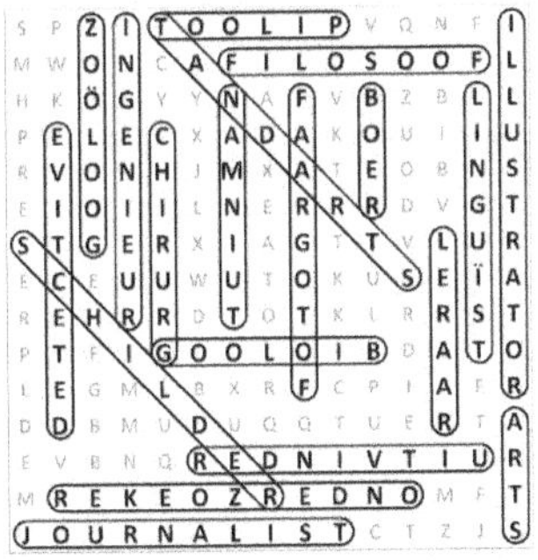

58 - Letteratura

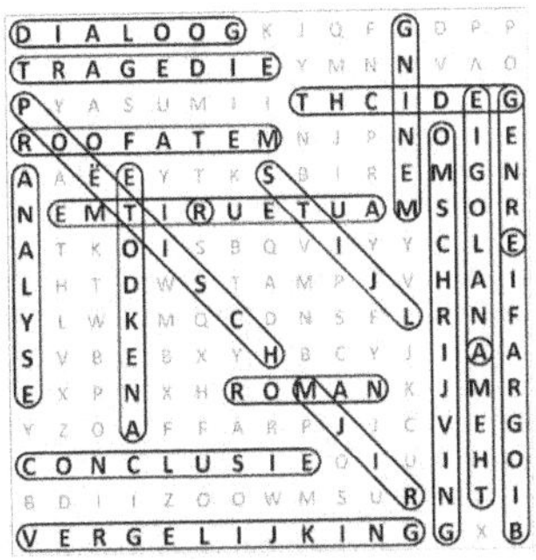

59 - Cibo #2

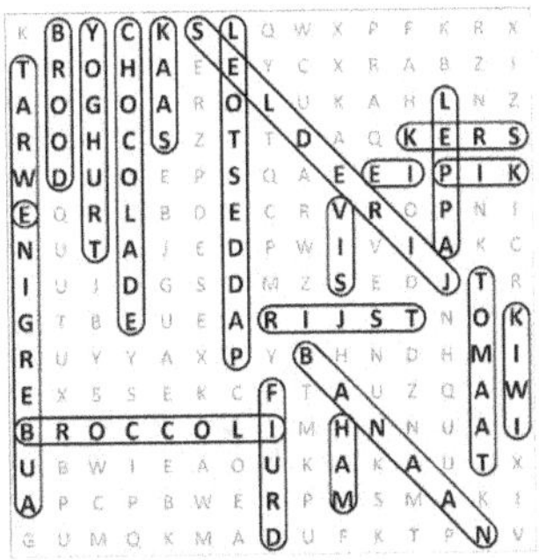

60 - Nutrizione

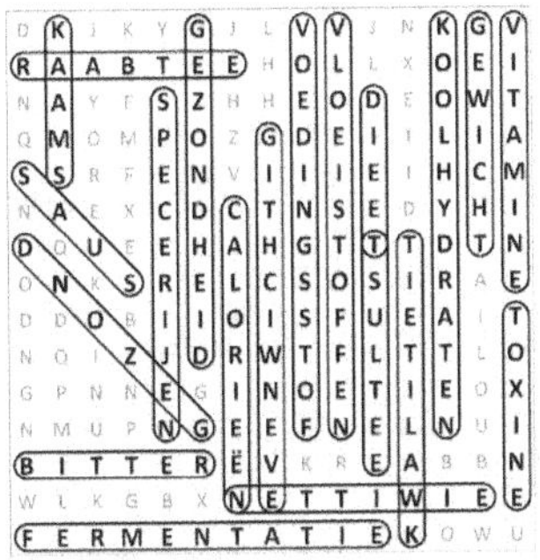

61 - Matematica

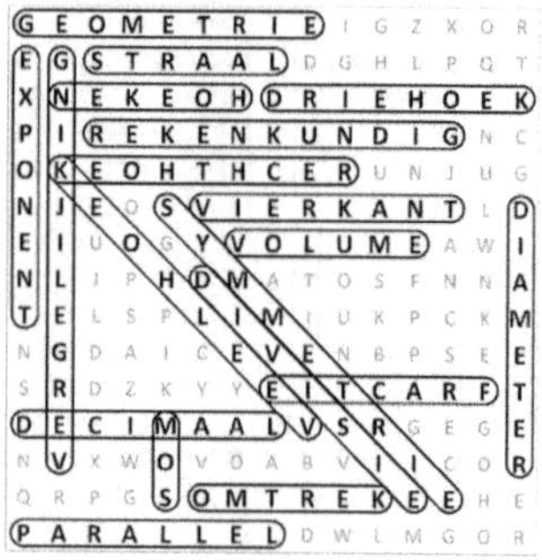

62 - Meditazione

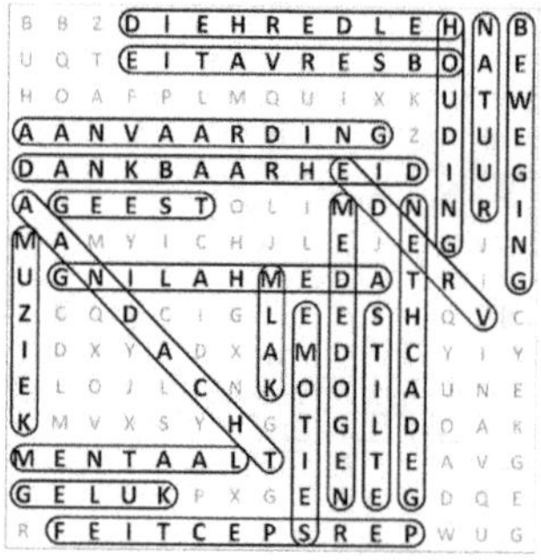

63 - Elettricità

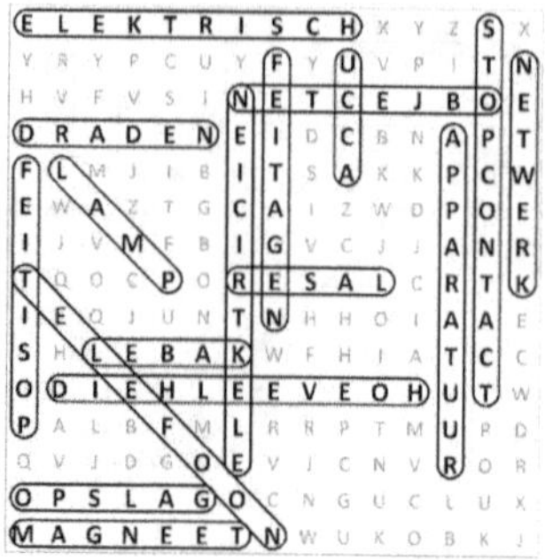

64 - Antiquariato

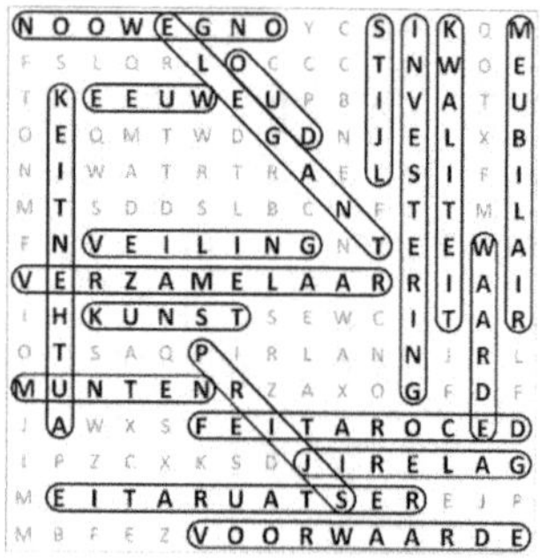

65 - Escursionismo

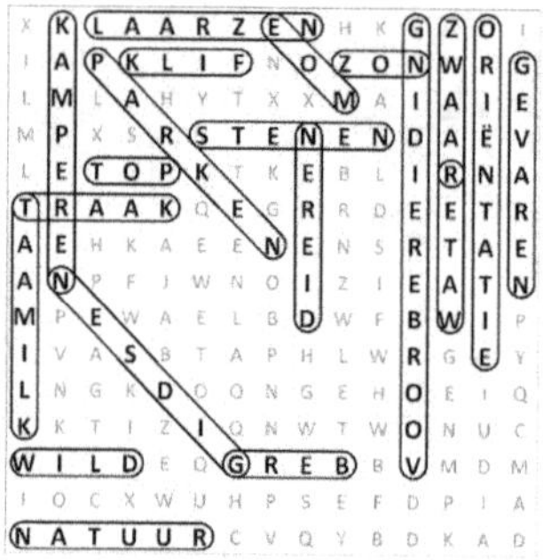

66 - Professioni #1

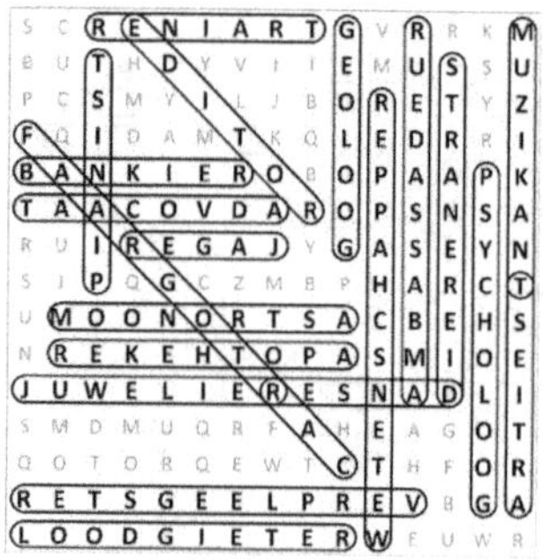

67 - Antartide

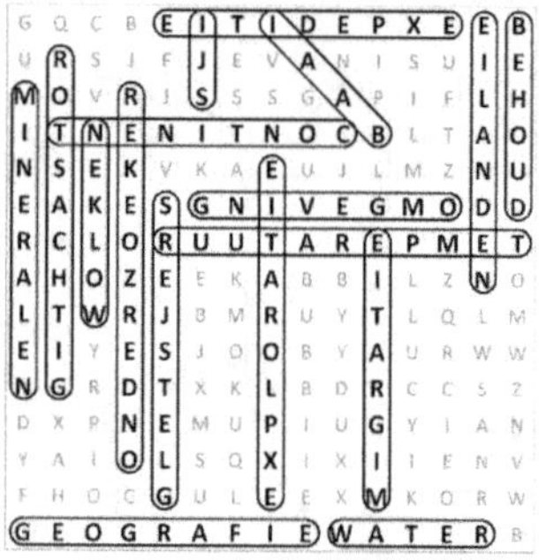

68 - Libri

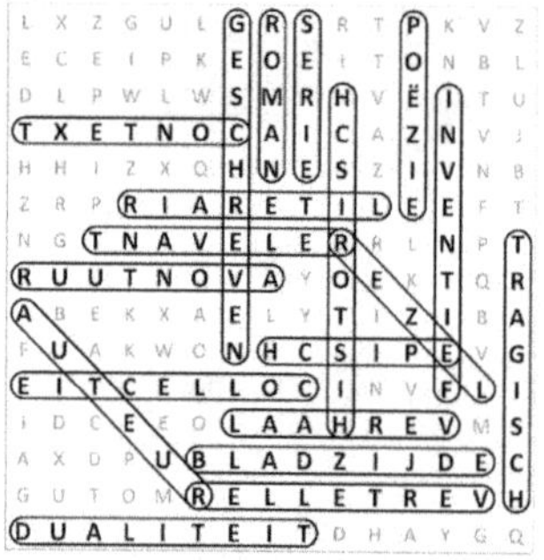

69 - Geografia

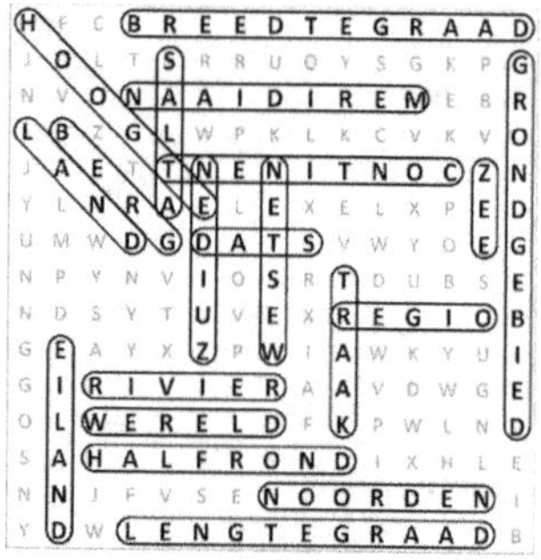

70 - Cibo #1

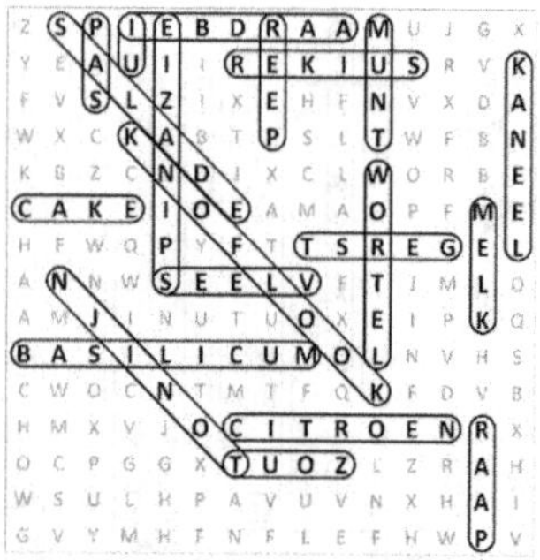

71 - Aeroplani

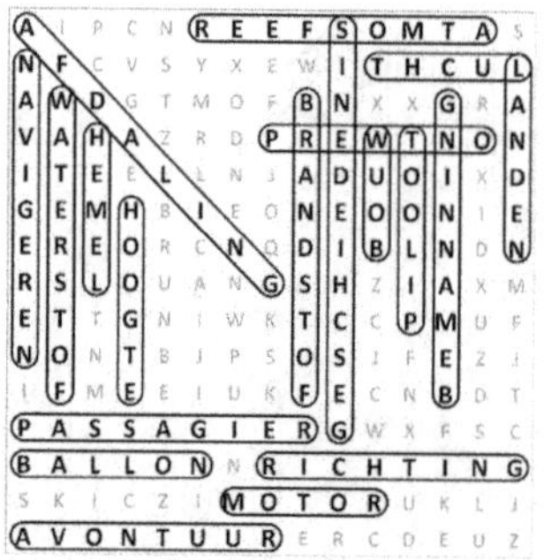

72 - Governo

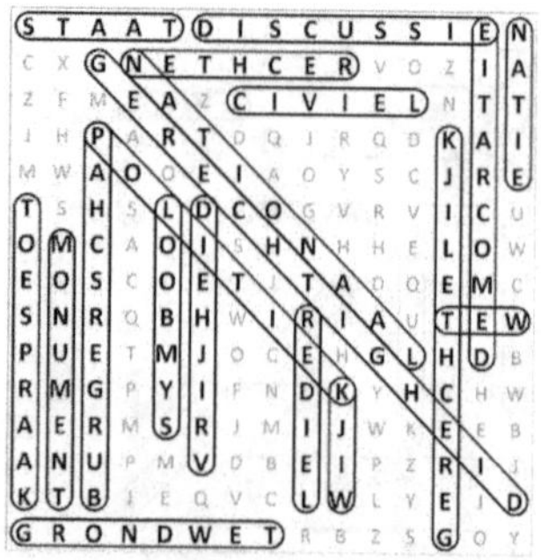

73 - Bellezza

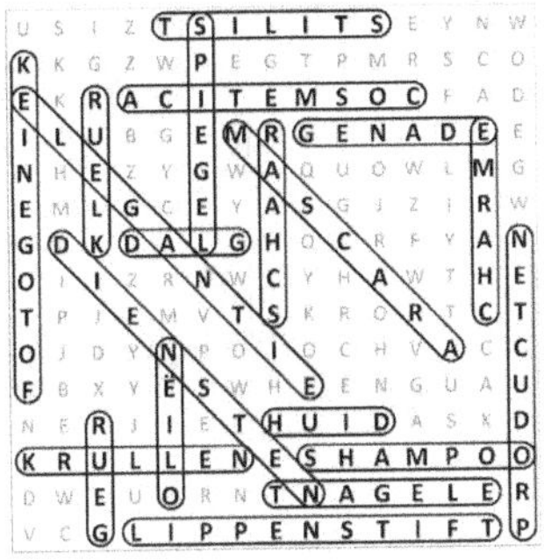

74 - Avventura

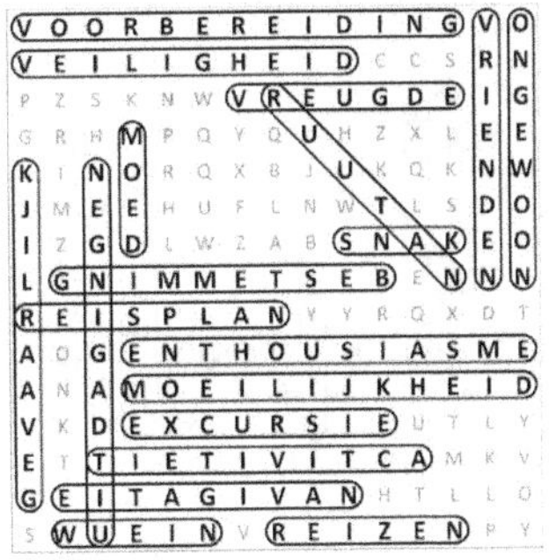

75 - Forme

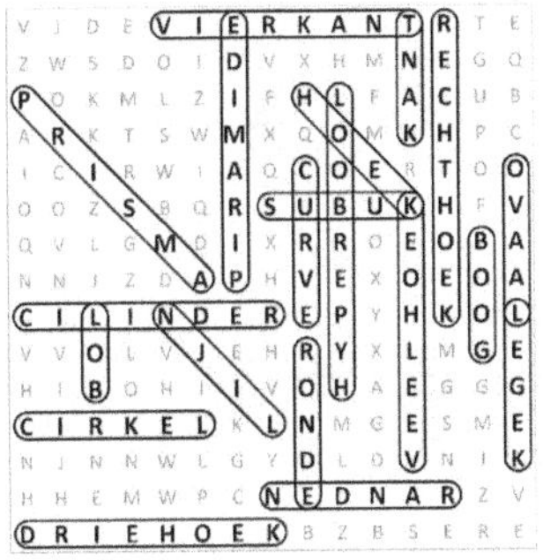

76 - Oceano

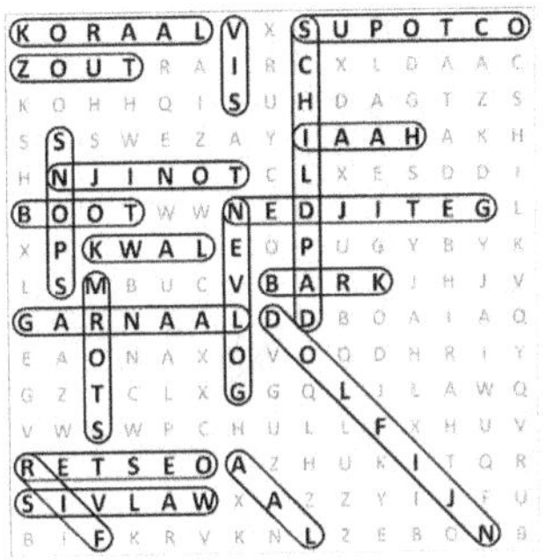

77 - Creatività

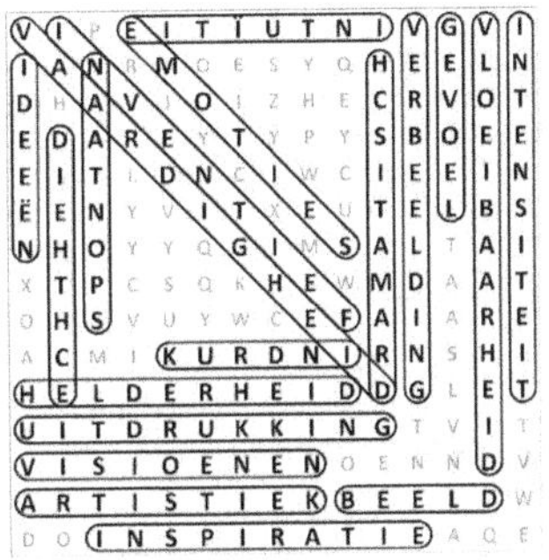

78 - Veicoli

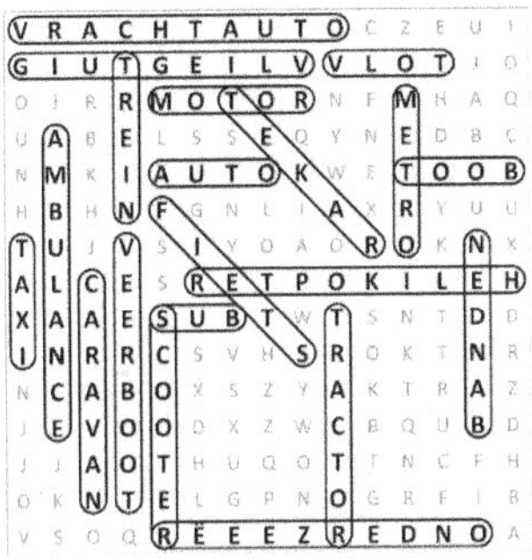

79 - Natura

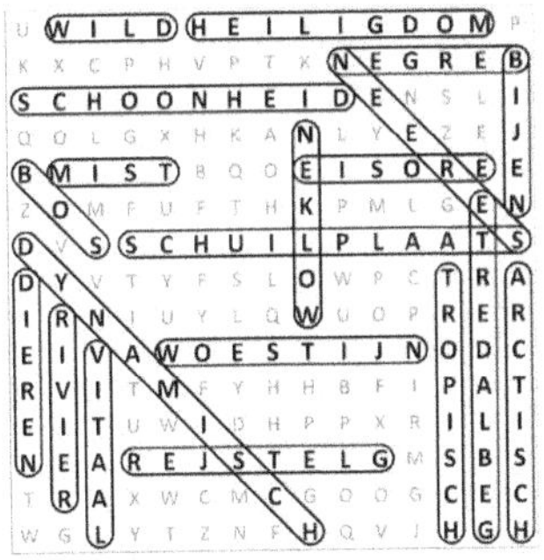

80 - Balletto

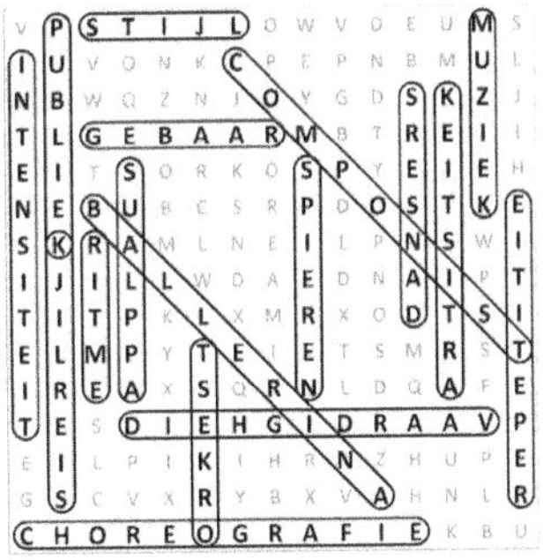

81 - Paesi #1

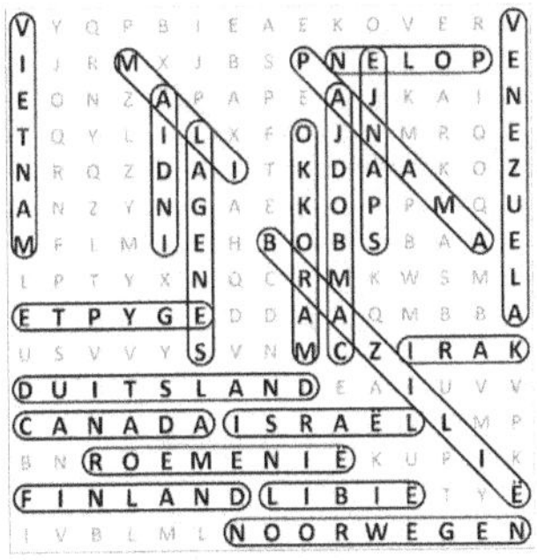

82 - Geometria

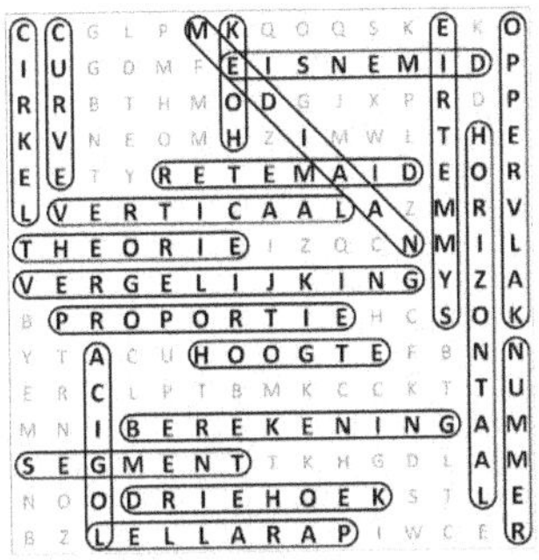

83 - Foresta Pluviale

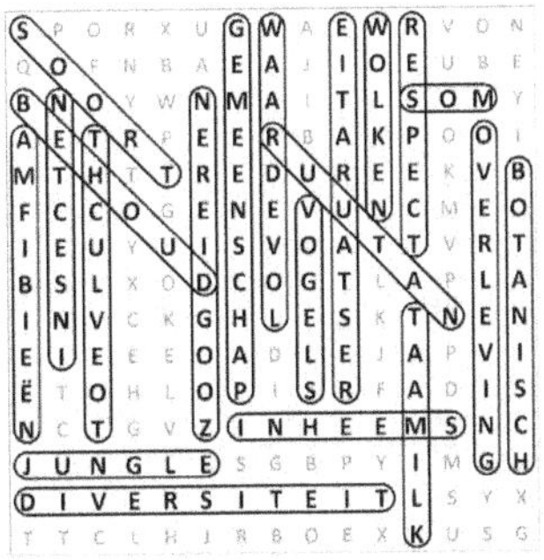

84 - Edifici

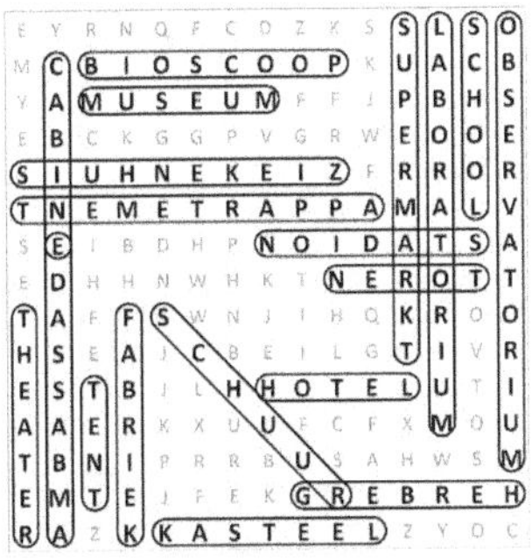

85 - Malattia

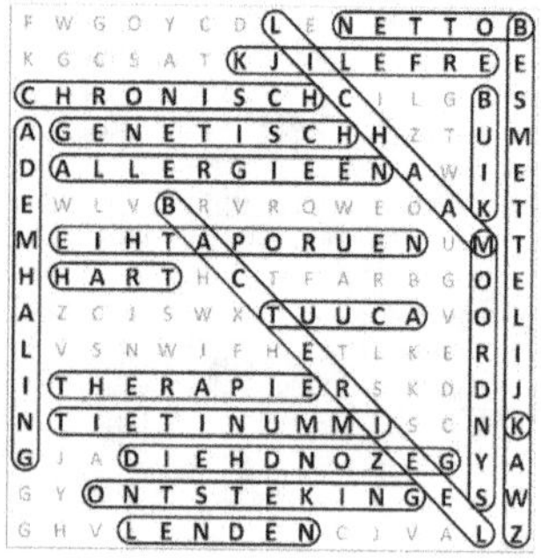

86 - Paesi #2

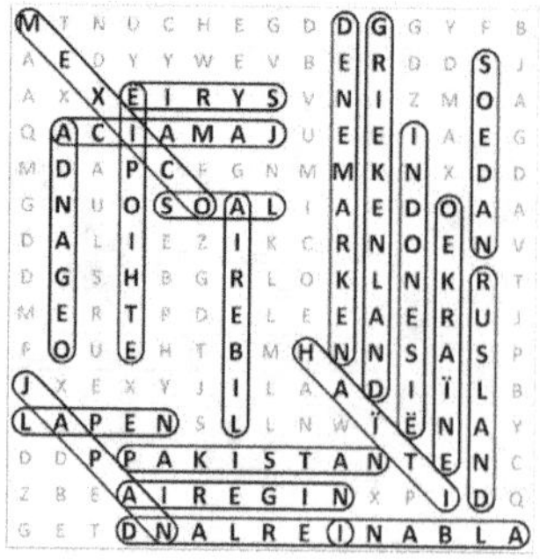

87 - Tipi di Capelli

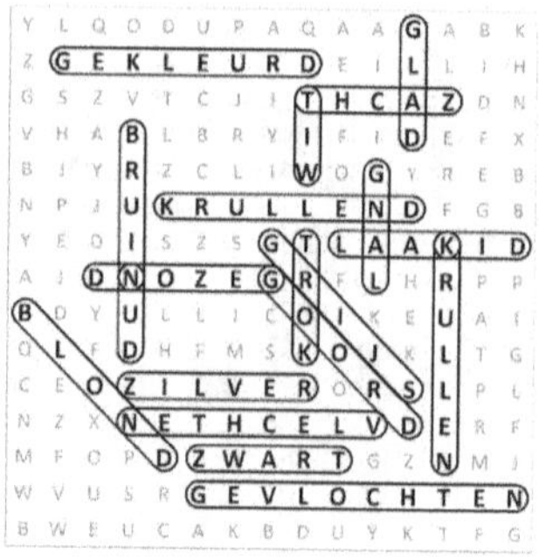

88 - Vestiti

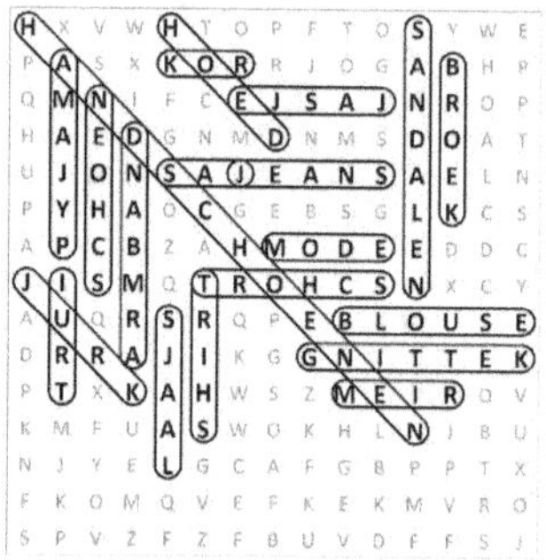

89 - Attività e Tempo Libero

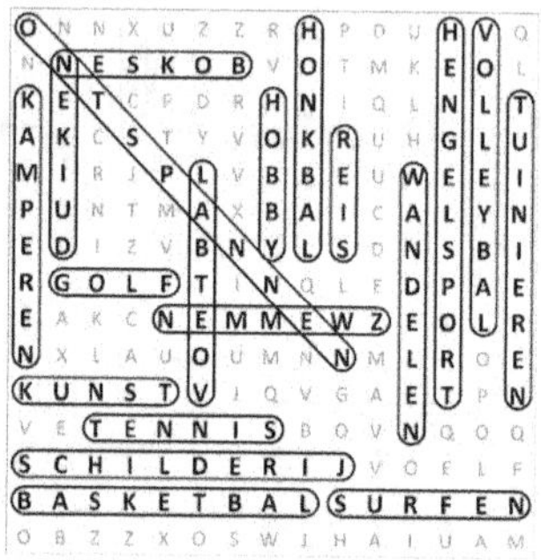

90 - Arte

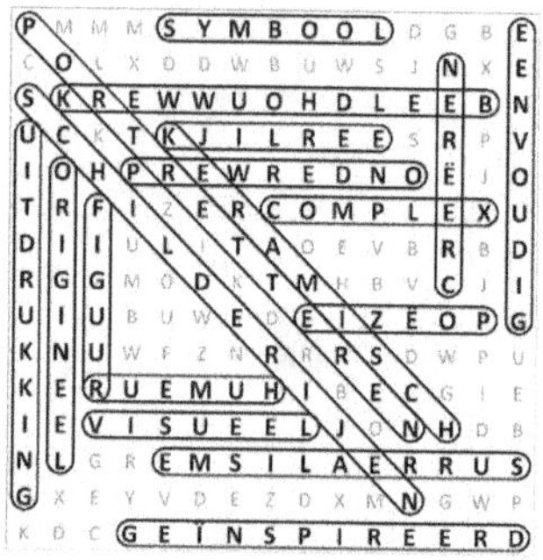

91 - Meteo

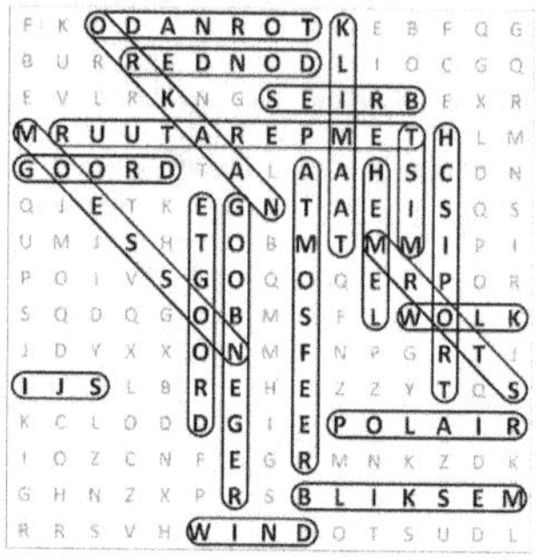

92 - Corpo Umano

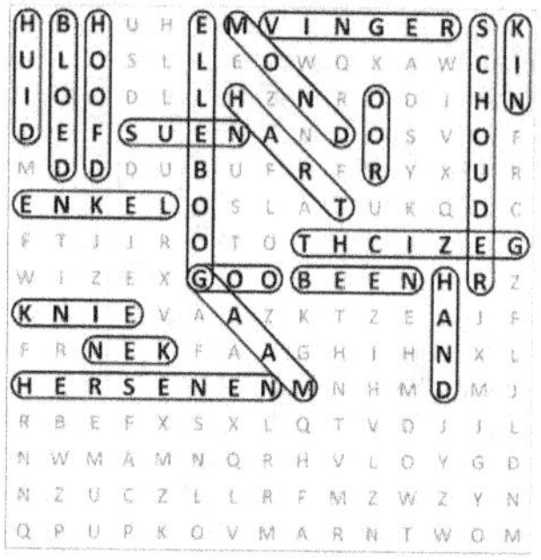

93 - Mammiferi

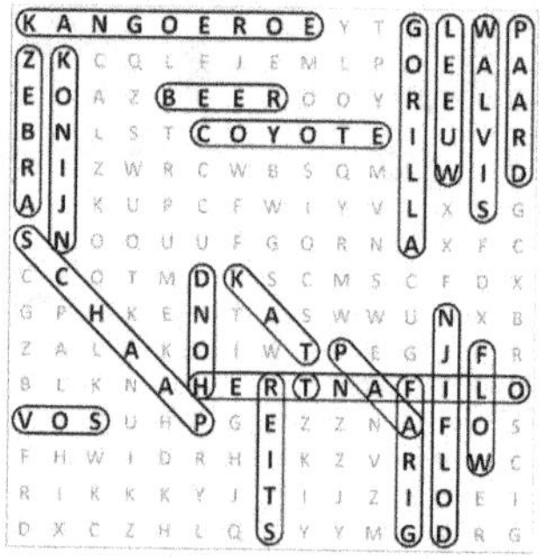

94 - Cucina

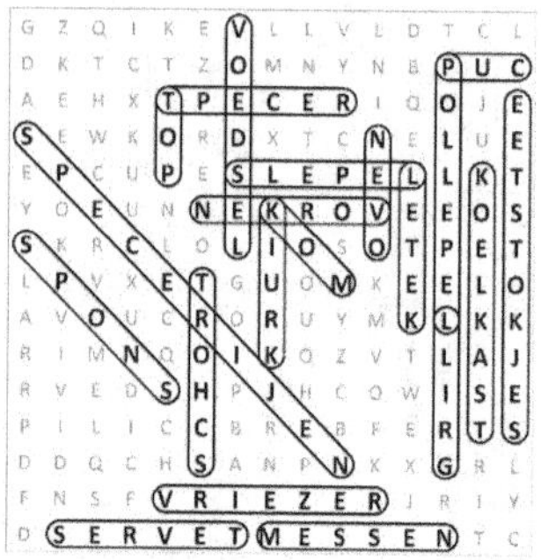

95 - Jazz

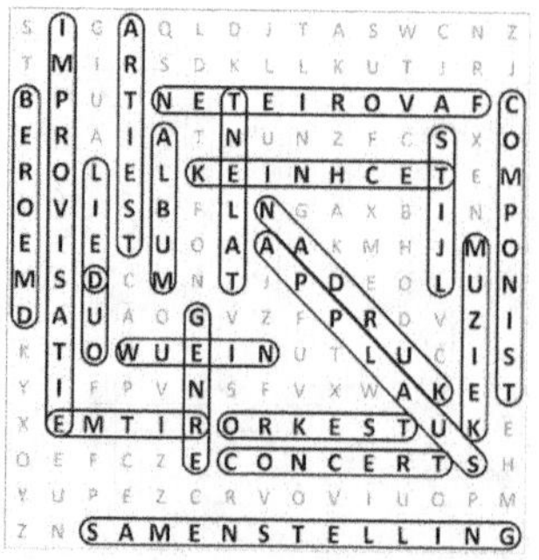

96 - Vacanze #2

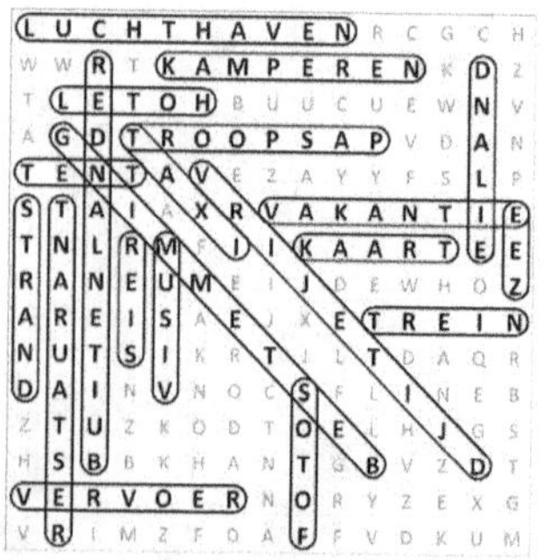

97 - Attività

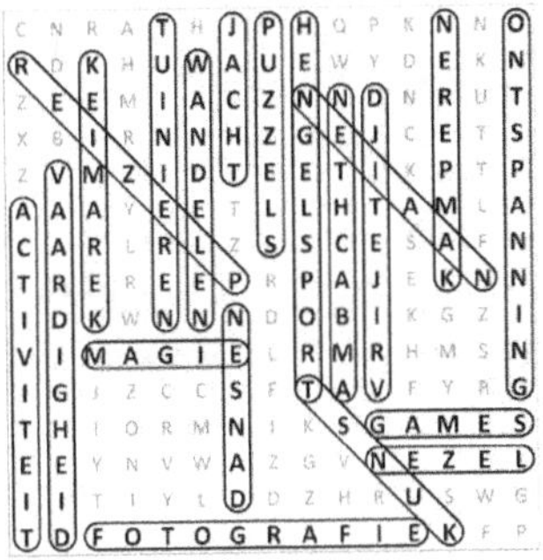

98 - Diplomazia

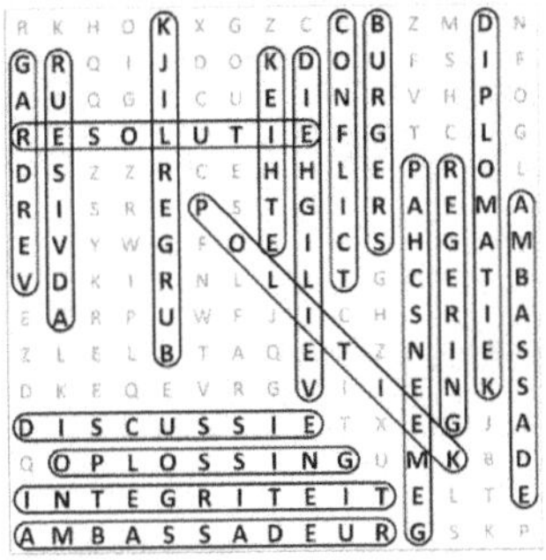

99 - Forniture Artistiche

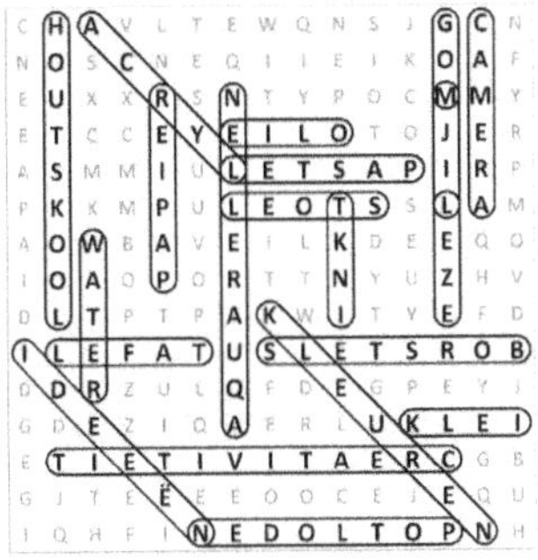

100 - Misurazioni

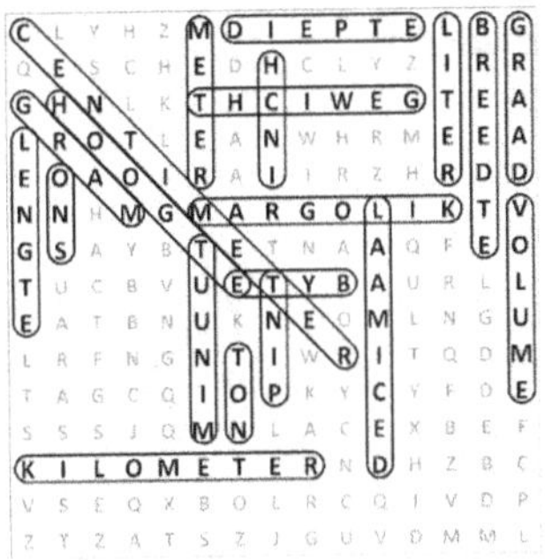

Dizionario

Acqua
Water

Alluvione	Overstroming
Canale	Kanaal
Doccia	Douche
Evaporazione	Verdamping
Fiume	Rivier
Gelo	Vorst
Geyser	Geiser
Ghiaccio	Ijs
Irrigazione	Irrigatie
Lago	Meer
Monsone	Moesson
Neve	Sneeuw
Oceano	Oceaan
Onde	Golven
Pioggia	Regen
Potabile	Drinkbaar
Umidità	Vochtigheid
Umido	Vochtig
Uragano	Orkaan
Vapore	Stoom

Aeroplani
Vliegtuigen

Altezza	Hoogte
Aria	Lucht
Atmosfera	Atmosfeer
Atterraggio	Landen
Avventura	Avontuur
Carburante	Brandstof
Cielo	Hemel
Costruzione	Bouw
Design	Ontwerp
Direzione	Richting
Discesa	Afdaling
Equipaggio	Bemanning
Idrogeno	Waterstof
Motore	Motor
Navigare	Navigeren
Palloncino	Ballon
Passeggero	Passagier
Pilota	Piloot
Storia	Geschiedenis
Turbolenza	Turbulentie

Aggettivi #1
Bijvoeglijke Naamwoorden

Ambizioso	Ambitieus
Aromatico	Aromatisch
Artistico	Artistiek
Assoluto	Absoluut
Attivo	Actief
Enorme	Enorm
Esotico	Exotisch
Generoso	Gul
Giovane	Jong
Grande	Groot
Identico	Identiek
Importante	Belangrijk
Lento	Langzaam
Lungo	Lang
Moderno	Modern
Onesto	Eerlijk
Perfetto	Perfect
Pesante	Zwaar
Prezioso	Waardevol
Sottile	Dun

Aggettivi #2
Bijvoeglijke Naamwoorden

Affamato	Hongerig
Asciutto	Droog
Autentico	Authentiek
Caldo	Heet
Creativo	Creatief
Descrittivo	Beschrijvend
Dolce	Zoet
Drammatico	Dramatisch
Elegante	Elegant
Famoso	Beroemd
Forte	Sterk
Interessante	Interessant
Naturale	Natuurlijk
Normale	Normaal
Nuovo	Nieuw
Orgoglioso	Trots
Produttivo	Productief
Puro	Zuiver
Salato	Zout
Sano	Gezond

Agronomia
Agronomie

Acqua	Water
Agricoltura	Landbouw
Ambiente	Omgeving
Cibo	Voedsel
Crescita	Groei
Ecologia	Ecologie
Energia	Energie
Erosione	Erosie
Fertilizzante	Mest
Identificazione	Identificatie
Inquinamento	Vervuiling
Malattie	Ziekten
Organico	Organisch
Produzione	Productie
Ricerca	Onderzoek
Rurale	Landelijk
Scienza	Wetenschap
Semi	Zaden
Sistemi	Systemen
Suolo	Bodem

Algebra
Algebra

Diagramma	Diagram
Divisione	Divisie
Equazione	Vergelijking
Esponente	Exponent
Falso	Vals
Fattore	Factor
Formula	Formule
Frazione	Fractie
Grafico	Grafiek
Infinito	Oneindig
Lineare	Lineair
Matrice	Matrix
Numero	Nummer
Parentesi	Haakje
Problema	Probleem
Soluzione	Oplossing
Somma	Som
Sottrazione	Aftrekken
Variabile	Variabele
Zero	Nul

Antartide
Antarctica

Acqua	Water
Ambiente	Omgeving
Baia	Baai
Balene	Walvissen
Conservazione	Behoud
Continente	Continent
Esplorazione	Exploratie
Geografia	Geografie
Ghiacciai	Gletsjers
Ghiaccio	Ijs
Isole	Eilanden
Migrazione	Migratie
Minerali	Mineralen
Nuvole	Wolken
Penisola	Schiereiland
Ricercatore	Onderzoeker
Roccioso	Rotsachtig
Spedizione	Expeditie
Temperatura	Temperatuur
Topografia	Topografie

Antiquariato
Antiek

Arte	Kunst
Asta	Veiling
Autentico	Authentiek
Collezionista	Verzamelaar
Condizione	Voorwaarde
Decorativo	Decoratief
Elegante	Elegant
Galleria	Galerij
Insolito	Ongewoon
Investimento	Investering
Mobilio	Meubilair
Monete	Munten
Prezzo	Prijs
Qualità	Kwaliteit
Restauro	Restauratie
Scultura	Beeldhouwwerk
Secolo	Eeuw
Stile	Stijl
Valore	Waarde
Vecchio	Oud

Api
Bijen

Ali	Vleugels
Alveare	Bijenkorf
Benefico	Voordelig
Cera	Was
Cibo	Voedsel
Diversità	Diversiteit
Ecosistema	Ecosysteem
Fiori	Bloemen
Fiorire	Bloesem
Frutta	Fruit
Fumo	Rook
Giardino	Tuin
Habitat	Habitat
Insetto	Insect
Miele	Honing
Piante	Planten
Polline	Stuifmeel
Regina	Koningin
Sciame	Zwerm
Sole	Zon

Archeologia
Archeologie

Analisi	Analyse
Antichità	Oudheid
Antico	Oud
Civiltà	Beschaving
Dimenticato	Vergeten
Discendente	Nakomeling
Era	Tijdperk
Esperto	Deskundige
Fossile	Fossiel
Mistero	Mysterie
Oggetti	Objecten
Ossa	Botten
Professore	Professor
Reliquia	Relikwie
Ricercatore	Onderzoeker
Sconosciuto	Onbekend
Squadra	Team
Tempio	Tempel
Tomba	Graf
Valutazione	Evaluatie

Arte
Kunst

Ceramica	Keramisch
Complesso	Complex
Composizione	Samenstelling
Creare	Creëren
Dipinti	Schilderijen
Espressione	Uitdrukking
Figura	Figuur
Ispirato	Geïnspireerd
Onesto	Eerlijk
Originale	Origineel
Personale	Persoonlijk
Poesia	Poëzie
Ritrarre	Portretteren
Scultura	Beeldhouwwerk
Semplice	Eenvoudig
Simbolo	Symbool
Soggetto	Onderwerp
Surrealismo	Surrealisme
Umore	Humeur
Visivo	Visueel

Arti Visive
Beeldende Kunsten

Architettura	Architectuur
Argilla	Klei
Artista	Artiest
Capolavoro	Meesterwerk
Carbone	Houtskool
Cavalletto	Ezel
Cera	Was
Ceramica	Keramiek
Composizione	Samenstelling
Creatività	Creativiteit
Film	Film
Fotografia	Foto
Gesso	Krijt
Matita	Potlood
Penna	Pen
Prospettiva	Perspectief
Ritratto	Portret
Scultura	Beeldhouwwerk
Stampino	Stencil
Vernice	Vernis

Astronomia
Astronomie

Asteroide	Asteroïde
Astronauta	Astronaut
Astronomo	Astronoom
Cielo	Hemel
Cosmo	Kosmos
Costellazione	Sterrenbeeld
Equinozio	Equinox
Gravità	Zwaartekracht
Luna	Maan
Meteora	Meteoor
Nebulosa	Nevel
Osservatorio	Observatorium
Pianeta	Planeet
Radiazione	Straling
Razzo	Raket
Supernova	Supernova
Telescopio	Telescoop
Terra	Aarde
Universo	Universum
Zodiaco	Dierenriem

Attività
Activiteiten

Abilità	Vaardigheid
Arte	Kunst
Artigianato	Ambachten
Attività	Activiteit
Caccia	Jacht
Campeggio	Kamperen
Ceramica	Keramiek
Cucire	Naaien
Danza	Dansen
Escursioni	Wandelen
Fotografia	Fotografie
Giardinaggio	Tuinieren
Giochi	Games
Lettura	Lezen
Magia	Magie
Pesca	Hengelsport
Piacere	Plezier
Puzzle	Puzzels
Rilassamento	Ontspanning
Tempo Libero	Vrije Tijd

Attività Commerciale
Zakelijk

Bilancio	Begroting
Carriera	Carrière
Costo	Kosten
Datore di Lavoro	Werkgever
Dipendente	Werknemer
Economia	Economie
Fabbrica	Fabriek
Finanza	Financiën
Investimento	Investering
Merce	Handelswaar
Negozio	Winkel
Profitto	Winst
Reddito	Inkomen
Sconto	Korting
Società	Bedrijf
Soldi	Geld
Transazione	Transactie
Ufficio	Kantoor
Valuta	Valuta
Vendita	Verkoop

Attività e Tempo Libero
Activiteiten en Vrije Ti

Arte	Kunst
Baseball	Honkbal
Basket	Basketbal
Boxe	Boksen
Calcio	Voetbal
Campeggio	Kamperen
Escursioni	Wandelen
Giardinaggio	Tuinieren
Golf	Golf
Hobby	Hobby
Immersione	Duiken
Nuoto	Zwemmen
Pallavolo	Volleybal
Pesca	Hengelsport
Pittura	Schilderij
Rilassante	Ontspannen
Surf	Surfen
Tennis	Tennis
Viaggio	Reis

Avventura
Avontuur

Amici	Vrienden
Attività	Activiteit
Bellezza	Schoonheid
Caso	Kans
Coraggio	Moed
Destinazione	Bestemming
Difficoltà	Moeilijkheid
Entusiasmo	Enthousiasme
Escursione	Excursie
Gioia	Vreugde
Insolito	Ongewoon
Itinerario	Reisplan
Natura	Natuur
Navigazione	Navigatie
Nuovo	Nieuw
Pericoloso	Gevaarlijk
Preparazione	Voorbereiding
Sfide	Uitdagingen
Sicurezza	Veiligheid
Viaggi	Reizen

Balletto
Ballet

Abilità	Vaardigheid
Applauso	Applaus
Artistico	Artistiek
Ballerina	Ballerina
Ballerini	Dansers
Compositore	Componist
Coreografia	Choreografie
Espressivo	Expressief
Gesto	Gebaar
Grazioso	Sierlijk
Intensità	Intensiteit
Muscoli	Spieren
Musica	Muziek
Orchestra	Orkest
Pratica	Praktijk
Prova	Repetitie
Pubblico	Publiek
Ritmo	Ritme
Stile	Stijl
Tecnica	Techniek

Barbecue

Barbecues

Caldo	Heet
Cena	Diner
Cibo	Voedsel
Cipolle	Uien
Coltelli	Messen
Estate	Zomer
Fame	Honger
Famiglia	Familie
Frutta	Fruit
Giochi	Games
Griglia	Grill
Insalate	Salades
Invito	Uitnodiging
Musica	Muziek
Pepe	Peper
Pollo	Kip
Pomodori	Tomaten
Pranzo	Lunch
Sale	Zout
Salsa	Saus

Bellezza

Schoonheid

Colore	Kleur
Cosmetici	Cosmetica
Elegante	Elegant
Eleganza	Elegantie
Fascino	Charme
Forbici	Schaar
Fotogenico	Fotogeniek
Fragranza	Geur
Grazia	Genade
Liscio	Glad
Mascara	Mascara
Oli	Oliën
Pelle	Huid
Prodotti	Producten
Riccioli	Krullen
Rossetto	Lippenstift
Servizi	Diensten
Shampoo	Shampoo
Specchio	Spiegel
Stilista	Stilist

Biologia

Biologie

Anatomia	Anatomie
Batteri	Bacteriën
Cellula	Cel
Collagene	Collageen
Cromosoma	Chromosoom
Embrione	Embryo
Enzima	Enzym
Evoluzione	Evolutie
Fotosintesi	Fotosynthese
Mammifero	Zoogdier
Mutazione	Mutatie
Naturale	Natuurlijk
Nervo	Zenuw
Neurone	Neuron
Ormone	Hormoon
Osmosi	Osmose
Proteina	Eiwit
Rettile	Reptiel
Simbiosi	Symbiose
Sinapsi	Synaps

Caffè

Koffie

Acido	Zuur
Acqua	Water
Amaro	Bitter
Aroma	Aroma
Arrostito	Geroosterd
Bevanda	Drank
Caffeina	Cafeïne
Crema	Room
Filtro	Filter
Gusto	Smaak
Latte	Melk
Liquido	Vloeistof
Macinare	Malen
Mattina	Ochtend
Nero	Zwart
Origine	Oorsprong
Prezzo	Prijs
Tazza	Beker
Varietà	Variëteit
Zucchero	Suiker

Campeggio

Camping

Alberi	Bomen
Amaca	Hangmat
Animali	Dieren
Avventura	Avontuur
Bussola	Kompas
Cabina	Cabine
Caccia	Jacht
Canoa	Kano
Cappello	Hoed
Corda	Touw
Divertimento	Plezier
Foresta	Bos
Fuoco	Brand
Insetto	Insect
Lago	Meer
Luna	Maan
Mappa	Kaart
Montagna	Berg
Natura	Natuur
Tenda	Tent

Casa

Huis

Attico	Zolder
Biblioteca	Bibliotheek
Camera	Kamer
Camino	Haard
Cucina	Keuken
Doccia	Douche
Finestra	Raam
Garage	Garage
Giardino	Tuin
Lampada	Lamp
Parete	Muur
Pavimento	Vloer
Porta	Deur
Recinto	Hek
Rubinetto	Kraan
Scopa	Bezem
Soffitto	Plafond
Specchio	Spiegel
Tappeto	Tapijt
Tetto	Dak

Chimica
Chemie

Acido	Zuur
Alcalino	Alkalisch
Atomico	Atoom
Calore	Warmte
Carbonio	Koolstof
Catalizzatore	Katalysator
Cloro	Chloor
Elettrone	Elektron
Enzima	Enzym
Gas	Gas
Idrogeno	Waterstof
Ione	Ion
Liquido	Vloeistof
Molecola	Molecuul
Nucleare	Nucleair
Organico	Organisch
Ossigeno	Zuurstof
Peso	Gewicht
Sale	Zout
Temperatura	Temperatuur

Cibo #1
Eten #1

Aglio	Knoflook
Basilico	Basilicum
Cannella	Kaneel
Carne	Vlees
Carota	Wortel
Cipolla	Ui
Fragola	Aardbei
Insalata	Salade
Latte	Melk
Limone	Citroen
Menta	Munt
Orzo	Gerst
Pera	Peer
Rapa	Raap
Sale	Zout
Spinaci	Spinazie
Succo	Sap
Tonno	Tonijn
Torta	Cake
Zucchero	Suiker

Cibo #2
Eten #2

Banana	Banaan
Broccolo	Broccoli
Ciliegia	Kers
Cioccolato	Chocolade
Formaggio	Kaas
Fungo	Paddestoel
Grano	Tarwe
Kiwi	Kiwi
Mela	Appel
Melanzana	Aubergine
Pane	Brood
Pesce	Vis
Pollo	Kip
Pomodoro	Tomaat
Prosciutto	Ham
Riso	Rijst
Sedano	Selderij
Uovo	Ei
Uva	Druif
Yogurt	Yoghurt

Cioccolato
Chocolade

Amaro	Bitter
Antiossidante	Antioxidant
Arachidi	Pinda'S
Aroma	Aroma
Artigianale	Artisanaal
Cacao	Cacao
Calorie	Calorieën
Caramella	Snoep
Caramello	Karamel
Delizioso	Heerlijk
Dolce	Zoet
Esotico	Exotisch
Gusto	Smaak
Ingrediente	Ingrediënt
Noce di Cocco	Kokosnoot
Polvere	Poeder
Preferito	Favoriet
Qualità	Kwaliteit
Ricetta	Recept
Zucchero	Suiker

Città
Stad

Aeroporto	Luchthaven
Banca	Bank
Biblioteca	Bibliotheek
Cinema	Bioscoop
Clinica	Kliniek
Farmacia	Apotheek
Fiorista	Bloemist
Galleria	Galerij
Hotel	Hotel
Libreria	Boekhandel
Mercato	Markt
Museo	Museum
Negozio	Winkel
Panetteria	Bakkerij
Scuola	School
Stadio	Stadion
Supermercato	Supermarkt
Teatro	Theater
Università	Universiteit
Zoo	Dierentuin

Conservazione
Behoud

Acqua	Water
Ambientale	Milieu
Cambiamenti	Veranderingen
Ciclo	Fiets
Clima	Klimaat
Ecosistema	Ecosysteem
Educazione	Onderwijs
Habitat	Habitat
Inquinamento	Vervuiling
Naturale	Natuurlijk
Organico	Organisch
Pesticida	Pesticide
Preoccupazione	Zorg
Riciclare	Recycleren
Ridurre	Verminderen
Salute	Gezondheid
Sostenibile	Duurzaam
Verde	Groen
Volontario	Vrijwilliger

Corpo Umano
Menselijk Lichaam

Bocca	Mond
Caviglia	Enkel
Cervello	Hersenen
Collo	Nek
Cuore	Hart
Dito	Vinger
Faccia	Gezicht
Gamba	Been
Ginocchio	Knie
Gomito	Elleboog
Mano	Hand
Mento	Kin
Naso	Neus
Occhio	Oog
Orecchio	Oor
Pelle	Huid
Sangue	Bloed
Spalla	Schouder
Stomaco	Maag
Testa	Hoofd

Creatività
Creativiteit

Abilità	Vaardigheid
Artistico	Artistiek
Autenticità	Echtheid
Chiarezza	Helderheid
Drammatico	Dramatisch
Emozioni	Emoties
Espressione	Uitdrukking
Fluidità	Vloeibaarheid
Idee	Ideeën
Immaginazione	Verbeelding
Immagine	Beeld
Impressione	Indruk
Intensità	Intensiteit
Intuizione	Intuïtie
Inventivo	Inventief
Ispirazione	Inspiratie
Sensazione	Gevoel
Spontaneo	Spontaan
Visioni	Visioenen
Vitalità	Vitaliteit

Cucina
Keuken

Bacchette	Eetstokjes
Bollitore	Ketel
Brocca	Kruik
Cibo	Voedsel
Ciotola	Kom
Coltelli	Messen
Congelatore	Vriezer
Cucchiai	Lepels
Forchette	Vorken
Forno	Oven
Frigorifero	Koelkast
Grembiule	Schort
Griglia	Grill
Mestolo	Pollepel
Ricetta	Recept
Spezie	Specerijen
Spugna	Spons
Tazze	Cup
Tovagliolo	Servet
Vaso	Pot

Danza
Dans

Accademia	Academie
Arte	Kunst
Classico	Klassiek
Compagno	Partner
Coreografia	Choreografie
Corpo	Lichaam
Cultura	Cultuur
Culturale	Cultureel
Emozione	Emotie
Espressivo	Expressief
Gioioso	Blij
Grazia	Genade
Movimento	Beweging
Musica	Muziek
Postura	Houding
Prova	Repetitie
Ritmo	Ritme
Salto	Springen
Tradizionale	Traditioneel
Visivo	Visueel

Diplomazia
Diplomatie

Ambasciata	Ambassade
Ambasciatore	Ambassadeur
Cittadini	Burgers
Civico	Burgerlijk
Comunità	Gemeenschap
Conflitto	Conflict
Consigliere	Adviseur
Cooperazione	Samenwerking
Diplomatico	Diplomatiek
Discussione	Discussie
Etica	Ethiek
Giustizia	Gerechtigheid
Governo	Regering
Integrità	Integriteit
Politica	Politiek
Risoluzione	Resolutie
Sicurezza	Veiligheid
Soluzione	Oplossing
Trattato	Verdrag
Umanitario	Humanitair

Discipline Scientifiche
Wetenschappelijke Discip

Anatomia	Anatomie
Archeologia	Archeologie
Astronomia	Astronomie
Biochimica	Biochemie
Biologia	Biologie
Botanica	Plantkunde
Chimica	Chemie
Ecologia	Ecologie
Fisiologia	Fysiologie
Geologia	Geologie
Immunologia	Immunologie
Linguistica	Taalkunde
Meccanica	Mechanica
Meteorologia	Meteorologie
Mineralogia	Mineralogie
Neurologia	Neurologie
Nutrizione	Voeding
Psicologia	Psychologie
Sociologia	Sociologie
Zoologia	Zoölogie

Ecologia
Ecologie

Clima	Klimaat
Diversità	Diversiteit
Fauna	Fauna
Flora	Flora
Globale	Globaal
Habitat	Habitat
Marino	Marinier
Montagne	Bergen
Natura	Natuur
Naturale	Natuurlijk
Palude	Moeras
Piante	Planten
Siccità	Droogte
Sopravvivenza	Overleving
Sostenibile	Duurzaam
Specie	Soort
Varietà	Variëteit
Vegetazione	Vegetatie
Volontari	Vrijwilligers

Edifici
Gebouwen

Ambasciata	Ambassade
Appartamento	Appartement
Cabina	Cabine
Castello	Kasteel
Cinema	Bioscoop
Fabbrica	Fabriek
Fienile	Schuur
Hotel	Hotel
Laboratorio	Laboratorium
Museo	Museum
Ospedale	Ziekenhuis
Osservatorio	Observatorium
Ostello	Herberg
Scuola	School
Stadio	Stadion
Supermercato	Supermarkt
Teatro	Theater
Tenda	Tent
Torre	Toren
Università	Universiteit

Elettricità
Elektriciteit

Attrezzatura	Apparatuur
Batteria	Accu
Cavo	Kabel
Conservazione	Opslag
Elettricista	Elektricien
Elettrico	Elektrisch
Fili	Draden
Generatore	Generator
Lampada	Lamp
Laser	Laser
Magnete	Magneet
Negativo	Negatief
Oggetti	Objecten
Positivo	Positief
Presa	Stopcontact
Quantità	Hoeveelheid
Rete	Netwerk
Telefono	Telefoon
Televisione	Televisie

Energia
Energie

Ambiente	Omgeving
Batteria	Accu
Benzina	Benzine
Calore	Warmte
Carbonio	Koolstof
Carburante	Brandstof
Diesel	Diesel
Elettrico	Elektrisch
Elettrone	Elektron
Entropia	Entropie
Fotone	Foton
Idrogeno	Waterstof
Industria	Industrie
Inquinamento	Vervuiling
Motore	Motor
Nucleare	Nucleair
Rinnovabile	Hernieuwbaar
Turbina	Turbine
Vapore	Stoom
Vento	Wind

Erboristeria
Herbalisme

Aglio	Knoflook
Aneto	Dille
Aromatico	Aromatisch
Basilico	Basilicum
Culinario	Culinair
Dragoncello	Dragon
Finocchio	Venkel
Fiore	Bloem
Giardino	Tuin
Ingrediente	Ingrediënt
Lavanda	Lavendel
Maggiorana	Marjolein
Menta	Munt
Origano	Oregano
Prezzemolo	Peterselie
Qualità	Kwaliteit
Rosmarino	Rozemarijn
Timo	Tijm
Verde	Groen
Zafferano	Saffraan

Escursionismo
Wandelen

Acqua	Water
Animali	Dieren
Campeggio	Kamperen
Clima	Klimaat
Guide	Gidsen
Mappa	Kaart
Montagna	Berg
Natura	Natuur
Orientamento	Oriëntatie
Parchi	Parken
Pericoli	Gevaren
Pesante	Zwaar
Pietre	Stenen
Preparazione	Voorbereiding
Scogliera	Klif
Selvaggio	Wild
Sole	Zon
Stanco	Moe
Stivali	Laarzen
Vertice	Top

Fantascienza
Meer Informatie

Atomico	Atoom
Cinema	Bioscoop
Distopia	Dystopie
Esplosione	Explosie
Estremo	Extreem
Fantastico	Fantastisch
Fuoco	Brand
Futuristico	Futuristisch
Illusione	Illusie
Immaginario	Denkbeeldig
Libri	Boeken
Misterioso	Mysterieus
Mondo	Wereld
Oracolo	Orakel
Pianeta	Planeet
Realistico	Realistisch
Robot	Robots
Scenario	Scenario
Tecnologia	Technologie
Utopia	Utopie

Fattoria #1
Boerderij #1

Acqua	Water
Agricoltura	Landbouw
Ape	Bij
Asino	Ezel
Campo	Veld
Cane	Hond
Capra	Geit
Cavallo	Paard
Fertilizzante	Mest
Fieno	Hooi
Gatto	Kat
Gregge	Kudde
Maiale	Varken
Miele	Honing
Mucca	Koe
Pollo	Kip
Recinto	Hek
Riso	Rijst
Semi	Zaden
Vitello	Kalf

Fattoria #2
Boerderij #2

Agnello	Lam
Agricoltore	Boer
Alveare	Bijenkorf
Anatra	Eend
Animali	Dieren
Cibo	Voedsel
Fienile	Schuur
Frutta	Fruit
Frutteto	Boomgaard
Grano	Tarwe
Irrigazione	Irrigatie
Lama	Lama
Latte	Melk
Mals	Maïs
Oche	Ganzen
Orzo	Gerst
Pastore	Herder
Pecora	Schaap
Prato	Weide
Trattore	Tractor

Fiori
Bloemen

Gardenia	Gardenia
Gelsomino	Jasmijn
Giglio	Lelie
Girasole	Zonnebloem
Ibisco	Hibiscus
Lavanda	Lavendel
Lilla	Lila
Magnolia	Magnolia
Margherita	Madeliefje
Mazzo	Boeket
Narciso	Narcis
Orchidea	Orchidee
Papavero	Papaver
Passiflora	Passiebloem
Peonia	Pioenroos
Petalo	Bloemblad
Plumeria	Plumeria
Rosa	Roos
Trifoglio	Klaver
Tulipano	Tulp

Fisica
Natuurkunde

Accelerazione	Versnelling
Atomo	Atoom
Caos	Chaos
Chimico	Chemisch
Densità	Dichtheid
Elettrone	Elektron
Espansione	Uitbreiding
Formula	Formule
Frequenza	Frequentie
Gas	Gas
Gravità	Zwaartekracht
Magnetismo	Magnetisme
Meccanica	Mechanica
Molecola	Molecuul
Motore	Motor
Nucleare	Nucleair
Particella	Deeltje
Relatività	Relativiteit
Universale	Universeel
Velocità	Snelheid

Foresta Pluviale
Regenwoud

Anfibi	Amfibieën
Botanico	Botanisch
Clima	Klimaat
Comunità	Gemeenschap
Diversità	Diversiteit
Giungla	Jungle
Indigeno	Inheems
Insetti	Insecten
Mammiferi	Zoogdieren
Muschio	Mos
Natura	Natuur
Nuvole	Wolken
Preservazione	Behoud
Prezioso	Waardevol
Restauro	Restauratie
Rifugio	Toevlucht
Rispetto	Respect
Sopravvivenza	Overleving
Specie	Soort
Uccelli	Vogels

Forme
Vormen

Angolo	Hoek
Arco	Boog
Bordi	Randen
Cerchio	Cirkel
Cilindro	Cilinder
Cono	Kegel
Cubo	Kubus
Curva	Curve
Iperbole	Hyperbool
Lato	Kant
Linea	Lijn
Ovale	Ovaal
Piramide	Piramide
Poligono	Veelhoek
Prisma	Prisma
Quadrato	Vierkant
Rettangolo	Rechthoek
Rotondo	Ronde
Sfera	Bol
Triangolo	Driehoek

Forniture Artistiche
Kunstbenodigdheden

Acqua	Water
Acquerelli	Aquarellen
Acrilico	Acryl
Argilla	Klei
Carbone	Houtskool
Carta	Papier
Cavalletto	Ezel
Colla	Lijm
Colori	Kleuren
Creatività	Creativiteit
Gomma	Gom
Idee	Ideeën
Inchiostro	Inkt
Matite	Potloden
Olio	Olie
Pastelli	Pastel
Sedia	Stoel
Spazzole	Borstels
Tavolo	Tafel
Telecamera	Camera

Forza e Gravità
Kracht en Zwaartekracht

Asse	As
Attrito	Wrijving
Centro	Centrum
Dinamico	Dynamisch
Distanza	Afstand
Espansione	Uitbreiding
Fisica	Natuurkunde
Impatto	Impact
Magnetismo	Magnetisme
Meccanica	Mechanica
Movimento	Beweging
Orbita	Baan
Peso	Gewicht
Pianeti	Planeten
Pressione	Druk
Proprietà	Eigendommen
Scoperta	Ontdekking
Tempo	Tijd
Universale	Universeel
Velocità	Snelheid

Frutta
Fruit

Albicocca	Abrikoos
Ananas	Ananas
Arancia	Oranje
Avocado	Avocado
Bacca	Bes
Banana	Banaan
Ciliegia	Kers
Kiwi	Kiwi
Lampone	Framboos
Limone	Citroen
Mango	Mango
Mela	Appel
Melone	Meloen
Mora	Braam
Nettarina	Nectarine
Papaia	Papaja
Pera	Peer
Pesca	Perzik
Prugna	Pruim
Uva	Druif

Geografia
Geografie

Altitudine	Hoogte
Atlante	Atlas
Città	Stad
Continente	Continent
Emisfero	Halfrond
Fiume	Rivier
Isola	Eiland
Latitudine	Breedtegraad
Longitudine	Lengtegraad
Mappa	Kaart
Mare	Zee
Meridiano	Meridiaan
Mondo	Wereld
Montagna	Berg
Nord	Noorden
Ovest	Westen
Paese	Land
Regione	Regio
Sud	Zuiden
Territorio	Grondgebied

Geologia
Geologie

Acido	Zuur
Altopiano	Plateau
Calcio	Calcium
Caverna	Grot
Continente	Continent
Corallo	Koraal
Cristalli	Kristallen
Erosione	Erosie
Fossile	Fossiel
Geyser	Geiser
Lava	Lava
Minerali	Mineralen
Pietra	Steen
Quarzo	Kwarts
Sale	Zout
Stalagmiti	Stalagmieten
Stalattite	Stalactiet
Strato	Laag
Terremoto	Aardbeving
Vulcano	Vulkaan

Geometria
Geometrie

Altezza	Hoogte
Angolo	Hoek
Calcolo	Berekening
Cerchio	Cirkel
Curva	Curve
Diametro	Diameter
Dimensione	Dimensie
Equazione	Vergelijking
Logica	Logica
Mediano	Mediaan
Numero	Nummer
Orizzontale	Horizontaal
Parallelo	Parallel
Proporzione	Proportie
Segmento	Segment
Simmetria	Symmetrie
Superficie	Oppervlak
Teoria	Theorie
Triangolo	Driehoek
Verticale	Verticaal

Giardino
Tuin

Albero	Boom
Amaca	Hangmat
Cespuglio	Struik
Erba	Gras
Erbacce	Onkruid
Fiore	Bloem
Frutteto	Boomgaard
Garage	Garage
Giardino	Tuin
Pala	Schop
Panca	Bank
Prato	Gazon
Rastrello	Hark
Recinto	Hek
Stagno	Vijver
Suolo	Bodem
Terrazza	Terras
Trampolino	Trampoline
Tubo	Slang
Vite	Wijnstok

Giorni e Mesi
Dagen en Maanden

Agosto	Augustus
Anno	Jaar
Aprile	April
Calendario	Kalender
Dicembre	December
Domenica	Zondag
Febbraio	Februari
Gennaio	Januari
Giugno	Juni
Luglio	Juli
Lunedì	Maandag
Martedì	Dinsdag
Mercoledì	Woensdag
Mese	Maand
Novembre	November
Ottobre	Oktober
Sabato	Zaterdag
Settembre	September
Settimana	Week
Venerdì	Vrijdag

Governo
Overheid

Capo	Leider
Cittadinanza	Burgerschap
Civile	Civiel
Costituzione	Grondwet
Democrazia	Democratie
Diritti	Rechten
Discorso	Toespraak
Discussione	Discussie
Giudiziario	Gerechtelijk
Giustizia	Gerechtigheid
Legge	Wet
Libertà	Vrijheid
Monumento	Monument
Nazionale	Nationaal
Nazione	Natie
Politica	Politiek
Quartiere	Wijk
Simbolo	Symbool
Stato	Staat
Uguaglianza	Gelijkheid

Guida
Rijden

Auto	Auto
Autobus	Bus
Carburante	Brandstof
Freni	Remmen
Garage	Garage
Gas	Gas
Incidente	Ongeluk
Licenza	Licentie
Mappa	Kaart
Moto	Motorfiets
Motore	Motor
Pedonale	Voetganger
Pericolo	Gevaar
Polizia	Politie
Sicurezza	Veiligheid
Strada	Weg
Traffico	Verkeer
Trasporto	Vervoer
Tunnel	Tunnel
Velocità	Snelheid

I Media
De Media

Commerciale	Commercieel
Comunicazione	Communicatie
Digitale	Digitaal
Edizione	Editie
Educazione	Onderwijs
Fatti	Feiten
Finanziamento	Financiering
Foto	Foto'S
Giornali	Kranten
Individuale	Individueel
Industria	Industrie
Intellettuale	Intellectueel
Locale	Lokaal
Online	Online
Opinione	Mening
Pubblicità	Advertenties
Pubblico	Publiek
Radio	Radio
Rete	Netwerk
Televisione	Televisie

Imbarcazioni
Boten

Albero	Mast
Ancora	Anker
Barca a Vela	Zeilboot
Boa	Boei
Canoa	Kano
Corda	Touw
Equipaggio	Bemanning
Fiume	Rivier
Kayak	Kajak
Lago	Meer
Mare	Zee
Marea	Tij
Marinaio	Matroos
Motore	Motor
Nautico	Nautisch
Oceano	Oceaan
Onde	Golven
Traghetto	Veerboot
Yacht	Jacht
Zattera	Vlot

Ingegneria
Engineering

Angolo	Hoek
Asse	As
Calcolo	Berekening
Costruzione	Bouw
Diagramma	Diagram
Diametro	Diameter
Diesel	Diesel
Distribuzione	Distributie
Energia	Energie
Forza	Kracht
Ingranaggi	Versnellingen
Liquido	Vloeistof
Macchina	Machine
Misurazione	Meting
Motore	Motor
Profondità	Diepte
Propulsione	Voortstuwing
Rotazione	Rotatie
Stabilità	Stabiliteit
Struttura	Structuur

Jazz
Jazz

Album	Album
Applauso	Applaus
Artista	Artiest
Canzone	Lied
Compositore	Componist
Composizione	Samenstelling
Concerto	Concert
Enfasi	Nadruk
Famoso	Beroemd
Genere	Genre
Improvvisazione	Improvisatie
Musica	Muziek
Nuovo	Nieuw
Orchestra	Orkest
Preferiti	Favorieten
Ritmo	Ritme
Stile	Stijl
Talento	Talent
Tecnica	Techniek
Vecchio	Oud

Letteratura
Literatuur

Analisi	Analyse
Analogia	Analogie
Aneddoto	Anekdote
Autore	Auteur
Biografia	Biografie
Conclusione	Conclusie
Confronto	Vergelijking
Descrizione	Omschrijving
Dialogo	Dialoog
Genere	Genre
Metafora	Metafoor
Opinione	Mening
Poesia	Gedicht
Poetico	Poëtisch
Rima	Rijm
Ritmo	Ritme
Romanzo	Roman
Stile	Stijl
Tema	Thema
Tragedia	Tragedie

Libri
Boeken

Autore	Auteur
Avventura	Avontuur
Collezione	Collectie
Contesto	Context
Dualità	Dualiteit
Epico	Episch
Inventivo	Inventief
Letterario	Literair
Lettore	Lezer
Narratore	Verteller
Pagina	Bladzijde
Poesia	Poëzie
Rilevante	Relevant
Romanzo	Roman
Scritto	Geschreven
Serie	Serie
Storia	Verhaal
Storico	Historisch
Tragico	Tragisch
Umoristico	Humoristisch

Malattia
Ziekte

Acuto	Acuut
Addominale	Buik
Allergie	Allergieën
Batterico	Bacterieel
Contagioso	Besmettelijk
Corpo	Lichaam
Cronico	Chronisch
Cuore	Hart
Debole	Zwak
Ereditario	Erfelijk
Genetico	Genetisch
Immunità	Immuniteit
Infiammazione	Ontsteking
Lombare	Lenden-
Neuropatia	Neuropathie
Ossa	Botten
Respiratorio	Ademhaling
Salute	Gezondheid
Sindrome	Syndroom
Terapia	Therapie

Mammiferi
Zoogdieren

Balena	Walvis
Cane	Hond
Canguro	Kangoeroe
Cavallo	Paard
Cervo	Hert
Coniglio	Konijn
Coyote	Coyote
Delfino	Dolfijn
Elefante	Olifant
Gatto	Kat
Giraffa	Giraf
Gorilla	Gorilla
Leone	Leeuw
Lupo	Wolf
Orso	Beer
Pecora	Schaap
Scimmia	Aap
Toro	Stier
Volpe	Vos
Zebra	Zebra

Matematica
Wiskunde

Angoli	Hoeken
Aritmetica	Rekenkundig
Decimale	Decimaal
Diametro	Diameter
Divisione	Divisie
Equazione	Vergelijking
Esponente	Exponent
Frazione	Fractie
Geometria	Geometrie
Parallelo	Parallel
Perimetro	Omtrek
Perpendicolare	Loodrecht
Poligono	Veelhoek
Quadrato	Vierkant
Raggio	Straal
Rettangolo	Rechthoek
Simmetria	Symmetrie
Somma	Som
Triangolo	Driehoek
Volume	Volume

Meditazione
Meditatie

Accettazione	Aanvaarding
Attenzione	Aandacht
Calma	Kalm
Chiarezza	Helderheid
Compassione	Mededogen
Emozioni	Emoties
Felicità	Geluk
Gratitudine	Dankbaarheid
Mentale	Mentaal
Mente	Geest
Movimento	Beweging
Musica	Muziek
Natura	Natuur
Osservazione	Observatie
Pace	Vrede
Pensieri	Gedachten
Postura	Houding
Prospettiva	Perspectief
Respirazione	Ademhaling
Silenzio	Stilte

Meteo
Weersomstandigheden

Arcobaleno	Regenboog
Asciutto	Droog
Atmosfera	Atmosfeer
Brezza	Bries
Cielo	Hemel
Clima	Klimaat
Fulmine	Bliksem
Ghiaccio	Ijs
Monsone	Moesson
Nebbia	Mist
Nube	Wolk
Polare	Polair
Siccità	Droogte
Temperatura	Temperatuur
Tempesta	Storm
Tornado	Tornado
Tropicale	Tropisch
Tuono	Donder
Uragano	Orkaan
Vento	Wind

Misurazioni
Metingen

Altezza	Hoogte
Byte	Byte
Centimetro	Centimeter
Chilogrammo	Kilogram
Chilometro	Kilometer
Decimale	Decimaal
Grado	Graad
Grammo	Gram
Larghezza	Breedte
Litro	Liter
Lunghezza	Lengte
Metro	Meter
Minuto	Minuut
Oncia	Ons
Peso	Gewicht
Pinta	Pint
Pollice	Inch
Profondità	Diepte
Tonnellata	Ton
Volume	Volume

Mitologia
Mythologie

Archetipo	Archetype
Comportamento	Gedrag
Creatura	Wezen
Creazione	Creatie
Credenze	Overtuigingen
Cultura	Cultuur
Disastro	Ramp
Divinità	Godheden
Eroe	Held
Forza	Kracht
Fulmine	Bliksem
Gelosia	Jaloezie
Guerriero	Krijger
Labirinto	Doolhof
Leggenda	Legende
Magico	Magisch
Mortale	Sterfelijk
Mostro	Monster
Tuono	Donder
Vendetta	Wraak

Musica
Muziek

Album	Album
Armonia	Harmonie
Armonico	Harmonisch
Ballata	Ballade
Cantante	Zanger
Cantare	Zingen
Classico	Klassiek
Coro	Koor
Lirico	Lyrisch
Melodia	Melodie
Microfono	Microfoon
Musicale	Muzikaal
Musicista	Muzikant
Opera	Opera
Poetico	Poëtisch
Registrazione	Opname
Ritmico	Ritmisch
Ritmo	Ritme
Strumento	Instrument
Vocale	Vocaal

Natura
Natuur

Animali	Dieren
Api	Bijen
Artico	Arctisch
Bellezza	Schoonheid
Deserto	Woestijn
Dinamico	Dynamisch
Erosione	Erosie
Fiume	Rivier
Fogliame	Gebladerte
Foresta	Bos
Ghiacciaio	Gletsjer
Montagne	Bergen
Nebbia	Mist
Nuvole	Wolken
Rifugio	Schuilplaats
Santuario	Heiligdom
Selvaggio	Wild
Sereno	Sereen
Tropicale	Tropisch
Vitale	Vitaal

Numeri
Getallen

Cinque	Vijf
Decimale	Decimaal
Diciannove	Negentien
Diciassette	Zeventien
Diciotto	Achttien
Dieci	Tien
Dodici	Twaalf
Due	Twee
Nove	Negen
Otto	Acht
Quattordici	Veertien
Quattro	Vier
Quindici	Vijftien
Sedici	Zestien
Sei	Zes
Sette	Zeven
Tre	Drie
Tredici	Dertien
Venti	Twintig
Zero	Nul

Nutrizione
Voeding

Amaro	Bitter
Appetito	Eetlust
Bilanciato	Evenwichtig
Calorie	Calorieën
Carboidrati	Koolhydraten
Commestibile	Eetbaar
Dieta	Dieet
Fermentazione	Fermentatie
Gusto	Smaak
Liquidi	Vloeistoffen
Nutriente	Voedingsstof
Peso	Gewicht
Proteine	Eiwitten
Qualità	Kwaliteit
Salsa	Saus
Salute	Gezondheid
Sano	Gezond
Spezie	Specerijen
Tossina	Toxine
Vitamina	Vitamine

Oceano
Oceaan

Anguilla	Aal
Balena	Walvis
Barca	Boot
Corallo	Koraal
Delfino	Dolfijn
Gamberetto	Garnaal
Granchio	Krab
Maree	Getijden
Medusa	Kwal
Onde	Golven
Ostrica	Oester
Pesce	Vis
Polpo	Octopus
Sale	Zout
Scogliera	Rif
Spugna	Spons
Squalo	Haai
Tartaruga	Schildpad
Tempesta	Storm
Tonno	Tonijn

Paesaggi
Landschappen

Cascata	Waterval
Collina	Heuvel
Deserto	Woestijn
Fiume	Rivier
Geyser	Geiser
Ghiacciaio	Gletsjer
Grotta	Grot
Iceberg	Ijsberg
Isola	Eiland
Lago	Meer
Mare	Zee
Montagna	Berg
Oasi	Oase
Oceano	Oceaan
Palude	Moeras
Penisola	Schiereiland
Spiaggia	Strand
Tundra	Toendra
Valle	Vallei
Vulcano	Vulkaan

Paesi #1
Landen #1

Brasile	Brazilië
Cambogia	Cambodja
Canada	Canada
Egitto	Egypte
Finlandia	Finland
Germania	Duitsland
India	India
Iraq	Irak
Israele	Israël
Libia	Libië
Mali	Mali
Marocco	Marokko
Norvegia	Noorwegen
Panama	Panama
Polonia	Polen
Romania	Roemenië
Senegal	Senegal
Spagna	Spanje
Venezuela	Venezuela
Vietnam	Vietnam

Paesi #2
Landen #2

Albania	Albani
Danimarca	Denemarken
Etiopia	Ethiopië
Giamaica	Jamaica
Giappone	Japan
Grecia	Griekenland
Haiti	Haïti
Indonesia	Indonesië
Irlanda	Ierland
Laos	Laos
Liberia	Liberia
Messico	Mexico
Nepal	Nepal
Nigeria	Nigeria
Pakistan	Pakistan
Russia	Rusland
Siria	Syrië
Sudan	Soedan
Ucraina	Oekraïne
Uganda	Oeganda

Piante
Installaties

Albero	Boom
Bacca	Bes
Bambù	Bamboe
Botanica	Plantkunde
Cactus	Cactus
Cespuglio	Struik
Crescere	Groeien
Edera	Klimop
Erba	Gras
Fagiolo	Boon
Fertilizzante	Mest
Fiore	Bloem
Flora	Flora
Fogliame	Gebladerte
Foresta	Bos
Giardino	Tuin
Muschio	Mos
Petalo	Bloemblad
Radice	Wortel
Vegetazione	Vegetatie

Professioni #1
Beroepen #1

Allenatore	Trainer
Ambasciatore	Ambassadeur
Artista	Artiest
Astronomo	Astronoom
Avvocato	Advocaat
Ballerino	Danser
Banchiere	Bankier
Cacciatore	Jager
Cartografo	Cartograaf
Editore	Editor
Farmacista	Apotheker
Geologo	Geoloog
Gioielliere	Juwelier
Idraulico	Loodgieter
Infermiera	Verpleegster
Musicista	Muzikant
Pianista	Pianist
Psicologo	Psycholoog
Scienziato	Wetenschapper
Veterinario	Dierenarts

Professioni #2
Beroepen #2

Agricoltore	Boer
Astronauta	Astronaut
Biologo	Bioloog
Chirurgo	Chirurg
Dentista	Tandarts
Detective	Detective
Filosofo	Filosoof
Fotografo	Fotograaf
Giardiniere	Tuinman
Giornalista	Journalist
Illustratore	Illustrator
Ingegnere	Ingenieur
Insegnante	Leraar
Inventore	Uitvinder
Linguista	Linguïst
Medico	Arts
Pilota	Piloot
Pittore	Schilder
Ricercatore	Onderzoeker
Zoologo	Zoöloog

Psicologia
Psychologie

Appuntamento	Afspraak
Clinico	Klinisch
Cognizione	Cognitie
Comportamento	Gedrag
Conflitto	Conflict
Ego	Ego
Emozioni	Emoties
Esperienze	Ervaringen
Idee	Ideeën
Inconscio	Bewusteloos
Infanzia	Jeugd
Influenze	Invloed
Pensieri	Gedachten
Percezione	Perceptie
Problema	Probleem
Realtà	Realiteit
Sensazione	Gevoel
Subconscio	Onderbewust
Terapia	Therapie
Valutazione	Beoordeling

Riscaldamento Globale
Opwarming van de Aarde

Ambientale	Milieu
Artico	Arctisch
Attenzione	Aandacht
Clima	Klimaat
Conseguenze	Gevolgen
Crisi	Crisis
Dati	Gegevens
Energia	Energie
Futuro	Toekomst
Gas	Gas
Generazioni	Generaties
Governo	Regering
Industria	Industrie
Legislazione	Wetgeving
Ora	Nu
Popolazioni	Populaties
Scienziato	Wetenschapper
Sviluppo	Ontwikkeling
Temperature	Temperaturen
Umani	Mensen

Ristorante #1
Restaurant #1

Allergia	Allergie
Caffè	Koffie
Cameriera	Serveerster
Carne	Vlees
Cassiere	Kassier
Cibo	Voedsel
Ciotola	Kom
Coltello	Mes
Cucina	Keuken
Dessert	Toetje
Ingredienti	Ingrediënten
Mangiare	Eten
Menù	Menu
Pane	Brood
Piatto	Bord
Piccante	Pittig
Pollo	Kip
Prenotazione	Reservering
Salsa	Saus
Tovagliolo	Servet

Ristorante #2
Restaurant #2

Acqua	Water
Aperitivo	Voorgerecht
Bevanda	Drank
Cameriere	Ober
Cena	Diner
Cucchiaio	Lepel
Delizioso	Heerlijk
Forchetta	Vork
Frutta	Fruit
Ghiaccio	Ijs
Insalata	Salade
Minestra	Soep
Pesce	Vis
Pranzo	Lunch
Sale	Zout
Sedia	Stoel
Spezie	Specerijen
Torta	Cake
Uova	Eieren
Verdure	Groente

Salute e Benessere #1
Gezondheid en Welzijn #1

Abitudine	Gewoonte
Altezza	Hoogte
Attivo	Actief
Batteri	Bacteriën
Clinica	Kliniek
Fame	Honger
Farmacia	Apotheek
Frattura	Breuk
Medicina	Medicijn
Medico	Dokter
Muscoli	Spieren
Nervi	Zenuwen
Ormoni	Hormonen
Pelle	Huid
Postura	Houding
Riflesso	Reflex
Rilassamento	Ontspanning
Terapia	Therapie
Trattamento	Behandeling
Virus	Virus

Salute e Benessere #2
Gezondheid en Welzijn #2

Allergia	Allergie
Anatomia	Anatomie
Appetito	Eetlust
Caloria	Calorie
Corpo	Lichaam
Dieta	Dieet
Disidratazione	Dehydratie
Energia	Energie
Genetica	Genetica
Igiene	Hygiëne
Infezione	Infectie
Malattia	Ziekte
Massaggio	Massage
Nutrizione	Voeding
Ospedale	Ziekenhuis
Peso	Gewicht
Recupero	Herstel
Sangue	Bloed
Sano	Gezond
Vitamina	Vitamine

Scacchi
Schaken

Avversario	Tegenstander
Bianco	Wit
Campione	Kampioen
Concorso	Wedstrijd
Diagonale	Diagonaal
Giocatore	Speler
Gioco	Spel
Intelligente	Slim
Nero	Zwart
Passivo	Passief
Per Imparare	Leren
Punti	Punten
Re	Koning
Regina	Koningin
Regole	Reglement
Sacrificio	Offer
Sfide	Uitdagingen
Strategia	Strategie
Tempo	Tijd
Torneo	Toernooi

Scienza
Wetenschap

Atomo	Atoom
Chimico	Chemisch
Clima	Klimaat
Dati	Gegevens
Esperimento	Experiment
Evoluzione	Evolutie
Fatto	Feit
Fisica	Natuurkunde
Fossile	Fossiel
Gravità	Zwaartekracht
Ipotesi	Hypothese
Laboratorio	Laboratorium
Metodo	Methode
Minerali	Mineralen
Molecole	Moleculen
Natura	Natuur
Organismo	Organisme
Osservazione	Observatie
Particelle	Deeltjes
Scienziato	Wetenschapper

Spezie
Specerijen

Aglio	Knoflook
Amaro	Bitter
Anice	Anijs
Cannella	Kaneel
Cardamomo	Kardemom
Cipolla	Ui
Coriandolo	Koriander
Cumino	Komijn
Curcuma	Kurkuma
Curry	Kerrie
Dolce	Zoet
Finocchio	Venkel
Liquirizia	Drop
Noce Moscata	Nootmuskaat
Paprika	Paprika
Pepe	Peper
Sale	Zout
Vaniglia	Vanille
Zafferano	Saffraan
Zenzero	Gember

Strumenti Musicali
Muziekinstrumenten

Armonica	Mondharmonica
Arpa	Harp
Banjo	Banjo
Chitarra	Gitaar
Clarinetto	Klarinet
Fagotto	Fagot
Flauto	Fluit
Gong	Gong
Mandolino	Mandoline
Marimba	Marimba
Oboe	Hobo
Percussione	Percussie
Pianoforte	Piano
Sassofono	Saxofoon
Tamburello	Tamboerijn
Tamburo	Trommel
Tromba	Trompet
Trombone	Trombone
Violino	Viool
Violoncello	Cello

Tempo
Tijd

Anno	Jaar
Annuale	Jaarlijks
Calendario	Kalender
Decennio	Decennium
Dopo	Na
Futuro	Toekomst
Giorno	Dag
Ieri	Gisteren
Mattina	Ochtend
Mese	Maand
Mezzogiorno	Middag
Minuto	Minuut
Momento	Moment
Notte	Nacht
Oggi	Vandaag
Ora	Uur
Orologio	Klok
Prima	Voor
Secolo	Eeuw
Settimana	Week

Tipi di Capelli
Haartypes

Argento	Zilver
Asciutto	Droog
Bianco	Wit
Biondo	Blond
Breve	Kort
Calvo	Kaal
Colorato	Gekleurd
Grigio	Grijs
Intrecciato	Gevlochten
Liscio	Glad
Lungo	Lang
Marrone	Bruin
Morbido	Zacht
Nero	Zwart
Riccio	Krullend
Riccioli	Krullen
Sano	Gezond
Sottile	Dun
Spessore	Dik
Trecce	Vlechten

Uccelli
Vogels

Airone	Reiger
Anatra	Eend
Aquila	Adelaar
Cicogna	Ooievaar
Cigno	Zwaan
Cuculo	Koekoek
Falco	Havik
Fenicottero	Flamingo
Gabbiano	Meeuw
Oca	Gans
Pappagallo	Papegaai
Passero	Mus
Pavone	Pauw
Pellicano	Pelikaan
Piccione	Duif
Pinguino	Pinguïn
Pollo	Kip
Struzzo	Struisvogel
Tucano	Toekan
Uovo	Ei

Vacanze #2
Vakantie #2

Aeroporto	Luchthaven
Campeggio	Kamperen
Destinazione	Bestemming
Foto	Foto'S
Hotel	Hotel
Isola	Eiland
Mappa	Kaart
Mare	Zee
Passaporto	Paspoort
Ristorante	Restaurant
Spiaggia	Strand
Straniero	Buitenlander
Taxi	Taxi
Tempo Libero	Vrije Tijd
Tenda	Tent
Trasporto	Vervoer
Treno	Trein
Vacanza	Vakantie
Viaggio	Reis
Visto	Visum

Veicoli
Voertuigen

Aereo	Vliegtuig
Ambulanza	Ambulance
Auto	Auto
Autobus	Bus
Barca	Boot
Bicicletta	Fiets
Camion	Vrachtauto
Caravan	Caravan
Elicottero	Helikopter
Metropolitana	Metro
Motore	Motor
Pneumatici	Banden
Razzo	Raket
Scooter	Scooter
Sottomarino	Onderzeeër
Taxi	Taxi
Traghetto	Veerboot
Trattore	Tractor
Treno	Trein
Zattera	Vlot

Verdure
Groenten

Aglio	Knoflook
Broccolo	Broccoli
Carciofo	Artisjok
Carota	Wortel
Cetriolo	Komkommer
Cipolla	Ui
Fungo	Paddestoel
Insalata	Salade
Melanzana	Aubergine
Patata	Aardappel
Pisello	Erwt
Pomodoro	Tomaat
Prezzemolo	Peterselie
Rapa	Raap
Ravanello	Radijs
Scalogno	Sjalot
Sedano	Selderij
Spinaci	Spinazie
Zenzero	Gember
Zucca	Pompoen

Vestiti
Kleding

Abito	Jurk
Braccialetto	Armband
Camicetta	Blouse
Camicia	Shirt
Cappello	Hoed
Cappotto	Jas
Cintura	Riem
Collana	Ketting
Giacca	Jasje
Gonna	Rok
Grembiule	Schort
Guanti	Handschoenen
Jeans	Jeans
Maglione	Trui
Moda	Mode
Pantaloni	Broek
Pigiama	Pyjama
Sandali	Sandalen
Scarpa	Schoen
Sciarpa	Sjaal

Congratulazioni

Ce l'hai fatta!

Speriamo che questo libro vi sia piaciuto tanto quanto a noi è piaciuto concepirlo. Ci sforziamo di creare libri della più alta qualità possibile.
Questa edizione è progettata per fornire un apprendimento intelligente, di qualità e divertente!

Le è piaciuto questo libro?

Una Semplice Richiesta

Questi libri esistono grazie alle recensioni che pubblicate.

Puoi aiutarci lasciando una recensione
ora a questo link ?

BestBooksActivity.com/Recensioni50

SFIDA FINALE!

Sfida n°1

Sei pronto per il tuo gioco gratuito? Li usiamo sempre, ma non sono così facili da trovare - ecco i **Sinonimi!**
Scrivi 5 parole che hai trovato nei puzzle (n° 21, n° 36, n° 76) e prova a trovare 2 sinonimi per ogni parola.

Scrivi 5 parole del ***Puzzle 21***

Parole	Sinonimo 1	Sinonimo 2

Scrivi 5 parole del ***Puzzle 36***

Parole	Sinonimo 1	Sinonimo 2

Scrivi 5 parole del ***Puzzle 76***

Parole	Sinonimo 1	Sinonimo 2

Sfida n°2

Ora che ti sei riscaldato, scrivi 5 parole che hai trovato nei puzzle n° 9, n° 17 e n° 25 e cerca di trovare 2 contrari per ogni parola. Quanti ne puoi trovare in 20 minuti?

Scrivi 5 parole del ***Puzzle 9***

Parole	Antonimo 1	Antonimo 2

Scrivi 5 parole del ***Puzzle 17***

Parole	Antonimo 1	Antonimo 2

Scrivi 5 parole del ***Puzzle 25***

Parole	Antonimo 1	Antonimo 2

Sfida n°3

Grande! Questa sfida  non è niente per te!

Pronto per la sfida finale? Scegli 10 parole che hai scoperto nei diversi puzzle e scrivile qui sotto.

1.	6.
2.	7.
3.	8.
4.	9.
5.	10.

Ora scrivi un testo pensando a una persona, un animale o un luogo che ti piace.

Puoi usare l'ultima pagina di questo libro come bozza.

La tua composizione:

TACCUINO:

A PRESTO!

Tutta la Squadra

www.ingramcontent.com/pod-product-compliance
Lightning Source LLC
Chambersburg PA
CBHW082054120626
46553CB00011B/3393
9798896707547